见识城邦

更新知识地图　拓展认知边界

讲给大家的中国历史

—01—

# 中国是怎么出现的

杨 照 - 著

中信出版集团 · 北京

图书在版编目（CIP）数据

讲给大家的中国历史．1，中国是怎么出现的 / 杨照著．-- 北京：中信出版社，2018.11

ISBN 978-7-5086-8598-4

Ⅰ．①讲… Ⅱ．①杨… Ⅲ．①中国历史－通俗读物 Ⅳ．① K209

中国版本图书馆 CIP 数据核字 (2018) 第 024406 号

本书仅限中国大陆地区发行销售

讲给大家的中国历史 1：中国是怎么出现的

著　　者：杨　照

出版发行：中信出版集团股份有限公司

（北京市朝阳区惠新东街甲 4 号富盛大厦 2 座　邮编　100029）

承 印 者：北京通州皇家印刷厂

开　　本：880mm × 1230mm　1/32　　印　　张：12.75　　字　　数：290 千字

版　　次：2018 年 11 月第 1 版　　印　　次：2018 年 11 月第 1 次印刷

广告经营许可证：京朝工商广字第 8087 号

书　　号：ISBN 978–7–5086–8598–4

定　　价：48.00 元

目 录 | Contents

## 第二讲　考古学帮助我们重新认识中国古史



## 第三讲　新石器时代遗址与中国国家起源

## 第五讲　聚落、建筑与共主更迭



## 第六讲　中国古代文字与古代信仰

## 第十讲　周朝的统治制度

总　序

# 重新认识中国历史

## 01

钱穆（宾四）先生自学出身，没有学历，没有师承，很长一段时间在小学教书，然而他认真阅读并整理了古书中几乎所有春秋、战国时期相关史料，写成了《先秦诸子系年》一书。钱穆之所以写这样一本考据大书，很重要的刺激来自名噪一时的《古史辨》。钱穆认为，以顾颉刚为首的这群学者“疑古太过”，带着先入为主的有色眼光看中国古代史料，处处寻觅伪造作假的痕迹，没有平心静气尽量客观做好查考比对文献的基本功夫。功夫中的功夫、基本中的基本，是弄清楚这些被他们拿来“疑古辨伪”的材料究竟形成于什么时代。他们不愿做不能做，以至于许多推论必定流于意气、草率，于是钱穆便以一己之力从根做起，竟然达成将大部分史料精确排比到可以“编年”的成就。

很明显，《先秦诸子系年》的成就直接打击了《古史辨》的可信度。当时任职燕京大学，在中国学术界意气风发引领风骚的顾颉刚读了《先秦诸子系年》，也立刻理解了钱穆的用意，他的反应是什么？他立刻推荐钱穆到广州中山大学教书，还邀请钱穆为《燕京学报》写稿。中山大学钱穆没有去，倒是替《燕京学报》写了《刘向歆父子年谱》，钱穆说：“此文不啻特与颉刚诤议，颉刚不介意，既刊余文，又特推荐余在燕京任教。”

这是个“民国传奇”。里面牵涉那个时代学者对于知识学问的热情执着，也牵涉那个时代学者的真正风范，还牵涉那个时代学院重视学识高于重视学历的开放氛围。没有学历的钱穆在那样的环境中，单靠学问折服了潜在的论敌，得以进入当时的最高学府任教。

这个传奇还有后续。钱穆后来从燕京大学转往北大。“中国通史”是当时政府规定的大学历史系必修课，北大历史系惯常的做法，是让系里每个老师轮流排课，将自己擅长的时代或领域浓缩在几堂课中教授，用这种方式来构成“中国通史”课程。换句话说，大家理所当然地认为“中国通史”就是由古至今不同断代的中国历史接续起来，顶多再加上一些跨时代的专史。

可是，被派去教授“中国通史”课堂秦汉一段历史的钱穆，不同意这个做法。他公开对学生表达了质疑：不知道前面的老师说了什么，也不知道后面的老师要说什么，每个老师来给学生片断的知识，怎么可能让学生贯通地理解中国历史？学生被钱穆说服了，也是那个时代的精神。学生认为既然不合理就该要求改，系里也同意既然批评反对得有道理就该改。

怎么改？那就将“中国通史”整合起来，上学期由钱穆教，下学期则由系里的中古史大学者陈寅恪教。这样很好吧？问了钱穆，钱穆却说不好，而且明白表示，他希望自己一个人教，而且有把握可以自己一个人教。

这是何等狂傲的态度？本来只是个小学教员，靠顾颉刚提拔才破格到北大历史系任职的钱穆，竟然敢排挤数不清精通多少种语言、已经是中古史权威的大学者陈寅恪，自己一个人独揽教“中国通史”的工作。他凭什么？他有资格吗？

至少那个年代的北大历史系觉得钱穆有资格，依从他的意思，让他自己一个人教“中国通史”。钱穆累积了在北大教“中国通史”的经验，后来在抗战中随西南联大避居昆明时，埋首写出了经典史著《国史大纲》。

## 02

由《国史大纲》的内容及写法回推，我们可以明白钱穆坚持一个人教“中国通史”，以及北大历史系让他教的理由。那不是他的狂傲，而是他对于什么是“通史”提出了当时系里其他人没想到的深刻认识。

用原来的方式教的，是“简化版中国历史”，不是“中国通史”。“中国通史”的关键，当然是在“通”字，而这个“通”字显然来自太史公司马迁的“通古今之变”。司马迁的《史记》包纳了两千多年，如此漫长的时间中发生过那么多的事，对于一个史家最大的挑战，不在于如何收集两千多年来留下来的种种资料，而在于如何从庞大的资料中进行有意义的选择，从中选择什么，又放弃什么。

关键在于“有意义”。只是将所有材料排比出来，呈现的势必是偶然的混乱。许多发生过的事，不巧没有留下记录；留下记录可供后世了解的，往往琐碎零散。更重要的是，这些偶然记录下来的人与事，彼此之间有什么关联呢？如果记录是偶然的，人与人、事与事之间也没有什么关联，那为什么要知道过去发生了什么？

史家的根本职责就在于有意识地进行选择，并且排比、串联所选择的史料。最简单、最基本的串联是因果解释，从过去发生的事情中去挖掘、去探索“因为／所以”：前面有了这样的现象，以至于后来有了那样的发展；前面做了这样的决定，以至于后来有了那样的结果。排出“因为／所以”来，历史就不再是一堆混乱的现象与事件，人们阅读历史也就能够借此理解时间变化的法则，学习自然或人事因果的规律。

“通古今之变”，就是要从规模上将历史的因果解释放到最大。之所以需要像《史记》那样从文明初始写到当今现实，是因为这是人类经验的最大值，也就提供了从过往经验中寻找出意义与智慧的最大可能性。我们能从古往今来的漫长时间中找出什么贯通原则或普遍主题呢？或者通过消化漫长时间中的种种记录，我们如何回答那些只有放在历史长河里才能回答的关键问题呢？

这是司马迁最早提出的“通古今之变”理想，应该也是钱穆先生坚持一个人从头到尾教“中国通史”的根本精神价值来源。“通史”之“通”在于建立一个有意义的观点，帮助学生、读者从中国历史中看出一些特殊的贯通变化。这是众多可能观点中的一个，借由历史的叙述与分析能够尽量表达清楚，因而也必然是“一家之言”。不一样的人研究历史会看到、凸显不同的重点，提出不同的解释。如果是不同时代、不同主题就换不同人从不同观点来讲，那么追求一贯“通古今之变”的理想与精神就无处着落了。

## 03

这也是我明显不自量力一个人讲述、写作一部中国历史的勇气来源。我要说的，是我所见到的中国历史，从接近无穷多的历史材料中，有意识、有原则地选择出其中一部分，讲述如何认识中国历史的一个故事。我说的，只是众多中国历史可能说法中的一个，有我如此诉说、如此建立“通古今之变”因果模式的道理。

一言以蔽之，这个道理是“重新认识”。通过学校教育、普遍阅读或大众传媒，一些读者对中国历史有了一些基本常识和刻板印象。我试图做的，是邀请这样的读者来“重新认识”中国历史，来检验一下你以为的中国历史和事实史料及史学研究所呈现的，有多大的差距。

在选择中国历史叙述重点时，我会优先考虑那些史料或史学研究上扎实可信，却和一般常识、刻板印象不相合甚至相违背的部分。这个立场所根据的，是过去百年来，“新史学”、西方史学诸方法被引进并运用到研究中国历史中所累积的丰富成果。但很奇怪也很不幸的是，这些精彩、有趣、突破性的历史知识与看法，却迟迟没有进入教育体系、没有进入一般人的历史常识中，以至于21世纪的大部分人对中国历史的认识，竟然还依循一百多年前流通的传统说法。“重新认识”的一个目的，就是用这些新发现、新研究成果修正、挑战、取代传统旧说法。

“重新认识”的另一个目的，是回到“为什么学历史”的态度问题上，提供不同的思考。学历史到底在学什么？是学一大堆人名、地名、年代，背诵下来用于考试时答题？这样的历史知识一来在互联网上随时都能查得到，二来和我们的现实生活有什么关联？还是学用现代想法改编的古装历史故事、历史戏剧？这样的历史，固然有现实联结，方便我们投射感情入戏，然而对于我们了解过去、体会不同时代的特殊性，有什么帮助呢？

在这套书中，我的一贯信念是学历史最重要的不是学What——历史上发生了什么，而是要探究How和Why——去了解这些事是如何发生的，为什么会发生。没有What当然无从解释How和Why，历史不可能离开事实叙述只存在理论；然而历史也不可以、不应该只停留在事实叙述上。只叙述事实，不解释如何与为什么，无论将事实说得再怎么生动，也无助于我们从历史而认识人的行为多样性以及个体或集体行为逻辑。

借由诉说漫长的中国历史，借由同时探究历史中的如何与为什么，我希望一方面能帮助读者梳理、思考当下的文明、社会是如何形成的，一方面能让读者确切感受到中国文明内在的多元样貌。在时间之流里，中国绝对不是单一不变的，中国人、中国社会、中国文明曾经有过太多不一样的面貌。这些历史上曾经存在的种种面貌，加起来才是中国。在没有如实认识中国历史的丰富变化之前，先别将任何关于中国的看法及说法视为理所当然。

## 04

这是一套一边说中国历史，一边解释历史知识如何可能的书。我的用心是希望读者不要只是被动地接受这些信息，将其当作斩钉截铁的事实，而是能够在阅读中去好奇、去思考：我们怎么能知道过去发生了什么，又如何去评断该相信什么、怀疑什么？历史知识的来历常常和历史本身同样曲折复杂，甚至更加曲折复杂。

这套书一共分成13册，能够成书的最主要原因是台湾“敏隆讲堂”和“趋势讲堂”让我两度完整地讲授中国通史课程，每一次课程前后横跨五个年头。换句话说，从2007年第一讲算起，我花了超过十年的时间。在十年备课及授课过程中，我的大部分时间都用于消化关于中国历史的研究的各种论文及专著，并努力吸收这些研究的发现与论点，尽量有机地编组进我的历史叙述与讨论中。明白地说，我将自己的角色设定为一个勤劳、忠实、不轻信不妥协的二手研究整合者，而不是进入原始材料提出独特成果的人。只有放弃自己的原创研究冲动，虚心地站在前辈及同辈学者的庞大学术基础上，才有可能处理中国通史题材，才能找出一点点“通”的心得。

这套书有将近两百万字的篇幅，时间范围涵盖从新石器时代到辛亥革命。这样一套书，一定不可避免地夹杂了许多错误。我只能期望能够将单纯知识事实上的“硬伤”降到最低，至于论理与解释带有疑义的部分就当作“抛砖引玉”，请专家读者不吝提出指正意见，得以将中国历史的认识推到更广且更深的境界。

第一讲

# 是时候重新认识中国历史了

01

# 为什么要重新认识中国历史?

在开始讲述中国历史之前，我想先请大家暂时假装从来没有学过中国历史，暂时假设中国历史对你来说是彻底陌生的事物。

我当然知道，大家在学校学过中国历史。为什么不好好利用大家可能拥有的丰富底子，反而希望大家暂时忘记曾经学过的中国历史呢？一个重要的原因是：我们在学校学的中国历史背后有个假设，我们今天必须认真予以检讨。这个假设就是——将中国历史当作一个具备高度同构性[1]的民族文化历程。

[1] 同构性，英文为 isomorphism，常用于数学、生物学和化学等自然科学领域，指的是事物具有相同或相似的系统结构。它用于人文和艺术领域时，指的是历史或艺术品的精神、观念、形式等方面具有的相同或相似的内在结构。

我们过去读的中国历史建立在“同构性假设”[1]的基础之上。我们不妨回想一下，从前课本里读到的尧、舜、禹、汤长什么样子？秦始皇、汉武帝长什么样子？唐太宗长什么样子？宋徽宗、明太祖长什么样子？这些皇帝或许各有各的长相，然而，我们从画像中可以看到，他们的衣服和装扮没有什么改变。我们应该要问：“真的如此吗？”如果我们一直用同构性假设去投射、想象和理解中国历史，那么，许多事实我们就看不到，我们甚至不会察觉到它们的存在。

我们若是以为中国自古以来一直有皇帝，就很难去注意，更难去理解中国的皇帝制度如何产生。从皇帝制度的产生这个角度去看中国历史，我们才能真切明白秦始皇的重要性，以及秦汉作为历史转折点的意义。说白了，我们得先将皇帝的同构性从脑海中删除，才能了解秦汉帝国建立的最大意义就在于皇帝的出现与皇帝制度的诞生。

秦汉之前没有皇帝，那是什么样的时代，是什么样的状况？去除了同构性假设，我们才能回溯没有皇帝的时代，例如春秋战国时期的王和侯，如何遂行有效统治。他们的统治方式、权力运作方式，与秦汉皇帝有何不同？再往上推，西周的天子和后来的皇帝又有什么不同？也就是说，我们在历史中需要看到的是“异”，而不是“同”。

---

[1] 同构性假设，英文为 isomorphism hypothesis，指的是以某一种固定的观念去类推与此相关的一切事物，下文将举例进行说明。

如果我们所想象的秦始皇、汉武帝，一路下来，到唐太宗、明太祖，历史上的统治者都是皇帝，而每一位皇帝都是同一个样子，那我们就更不可能理解商朝，不可能理解各种史料明确反映出来的商朝文化，以及商朝的政治统治，也不可能读懂商朝的史料。我们现在了解商朝，依赖的最重要的史料是甲骨文。以前的学者花了很多时间，还是弄不懂甲骨文的内容，因为他们并不是没有能力解读甲骨文的字形，而是没有能力解读甲骨文记载的活动本质。

甲骨文和我们今天通用的文字有直接且密切的传承关系。一个懂中文的现代人只需一点儿训练，就可以快速认出约百分之六十的甲骨文。所以罗振玉和王国维这样的大学者，拿到甲骨印记，很快就解读出了很多字。然而认出字以后，学者却要再花半个多世纪的时间，才真的清楚一连串文字讲的意思。为什么那么难？因为绝大部分人习惯用后来的中文及其指涉的内容去推想甲骨文要说的事，就走上歧途，浪费了很多时间。

02

# 什么是历史？什么是历史学？

历史指的是人类过去经验的总和。凡是人类过去所经历、所发生的都是历史。可是，历史知识和历史学不等于历史。历史是曾经存在，但是过去了就没有了的东西。例如，1935 年在台湾发生的任何事情都是历史，都是历史的一部分。可是，1935 年 2 月 13 日，一个到圆山附近去游逛的少年，今天我们没法知道他做了什么事情。他到圆山去的那件事，过去了，消逝了，再也无法还原。又例如，1946 年 8 月 10 日，一个江西农民被拉壮丁到了部队，派到战场上打仗。我们无法知道他那一天经历了什么，那些经历对他有什么影响。

我们不可能复原历史当中发生过的所有事情。历史学、历史知识和历史之间，总是存在着一道鸿沟。历史学一直不断努力，想要尽量将过去曾经发生的事情保留下来，予以重建。但是，能保留的，能重建的，永远只能是真实历史中的一小部分。因此，历史学与历史之间，必然是一种选择关系。

历史这么大，历史学只能从中选取一部分予以保留，予以重建重现，并表达出来。历史就像地图一样。每一张地图都有比例尺，比例尺就意味着要将现实缩小。在缩小的过程中，也就排除了一些东西。翁贝托·埃科（Umberto Eco）有一篇文章讲 1：1 的地图。[1] 那张地图是覆盖在整个地球表面的一大张纸。1：1 的地图不会遗漏任何东西，然而这个地图没法用，也没有人需要。地图要有用，必然要缩小，要将一些东西排除在外，如此才方便。比例尺越小，地图涵盖的范围就越大，然而相对而言，它能保留的信息就越少。历史学也是如此。

最完整的历史知识和历史之间是 1：1 的关系，把过去所发生的任何事情如实、巨细靡遗，如同时间倒流般，全都搬上来给我们。这种历史知识只存在于想象中，现实中不会有。现实的历史知识必定经过选择，选择众多历史信息中的一小部分，将之转化为可传述、可理解的史学内容。

如果历史知识是一张地图，那么我们要画的是什么样的地图？要用一种怎样的比例尺？依照什么样的原则，保留什么，又省略什么？这些是历史学极为关键的概念与原则。我希望读者暂时搁置

---

❶ 该文章出自［意］翁贝托·埃科《绘制1：1帝国地图之不可能》，收录于作者的随笔集《带着鲑鱼去旅行》。

过去对中国历史的印象，因为我想带大家走一趟不一样的旅程。

在重新看这块庞大而又丰富的历史图景之前，我们先回顾一下：曾经存在过的地图是如何画出来的？为什么会有这张地图？这张地图是谁用什么样的方式，用什么样的原则，基于什么样的考虑，为了要给谁用，所以才画成这个样子？让我们先跑到地图后面，检查其制作过程，然后再绕出来，换到另一个山头上往下看，或许最终会发现，原来的地图绘制进去的，只是全幅中国历史图景中的一个角落，而且是从特别的角度看过去的一个角落。我们不应该也不能只这样看这个角落，而对另外存在的庞大区域视而不见。

03

# 认识古代中国，从宋明理学开始说起

我们对中国古史多少有点儿印象。这些印象是怎么来的？

让我们回溯到明朝中期，从15世纪的一场争论开始讲起。当时士人圈中，最激烈、最关键的一个争议，是理学上的“程朱、陆王之争”。理学是宋朝以降中国士人学问的核心。理学试图建立一整套解释系统，解释这个世界是怎么来的，为什么会有这样的世界。还有，在这个世界当中，人处于什么样的地位？如何成为一个人？作为一个人，应该有什么行为，不应该有什么行为？理学既要彻底追究源头，又要提供具体而实用的人生行为准则，是一套既大且细的学问。

理学有两个关键特质。第一，理学探讨的范围甚至比西方的哲学更广。它不只是要解释这个世界是怎么来的，还要明确规定这个世界上每个人该有的行为准则。第二，理学是“一套”学问，它有严谨的逻辑，将众多内容容纳在一套可以讲清楚的道理中，而不是把这些东西分开，做片段式处理。

“程朱”和“陆王”代表的是理学内部源于不同的推论而产生的两种很不一样的整体态度。“程朱”是北宋的程颐（字正叔）、程颢（字伯淳）兄弟，加上南宋的朱熹（字元晦）；“陆王”是南宋的陆九渊（字子静）和明朝的王守仁（字伯安，别号阳明）。简单来说，“程朱”认为建立从宇宙到人生的整套学问，关键程序是“格物致知”；而“陆王”却主张，有意义的知识，其核心价值应该是“明心见性”。

“程朱”强调人要变成合格的人，有一套程序，有一套功夫，要循序渐进，认识万事万物之理，进而从中认识“天理”，认识“天理”在我们每个人身上划分根植的“性”。为什么朱熹要强调四书，将《大学》《中庸》突显出来，与《论语》《孟子》平起平坐？因为《大学》《中庸》讲的都是程序，都是按部就班、依序进展的功夫。对于“程朱”而言，人要一步步由近及远，由内而外，通过格物致知积累学问。对的学问、丰富的学问，让你成长为对的人、好的人、有用的人。

“陆王”却不是从这种角度看世界的。依照孟子的观点，人之所以为人，最重要的在于有恻隐、羞恶、是非、辞让之心，在于有良知。良知就是天生的道德心。既然良知——天生的道德心——本来就在我们的心里，怎么要靠后天慢慢去学，靠一套吸收外在知识的功夫才培养起来呢？人的教育程序，一切学问的根本，都在于“致良知”——找到并发挥你的良心。这里不牵涉外在知识。陆象山发挥孟子所说的“先立乎其大者”（《孟子·告子上》），认为内在道德本心是“大”，其他外在的知识相对是“小”，是附加的。

这是看待世界和看待人的两种不同态度，却同属于中国近世社会[1]重要的士人文化。宋朝之后，士人兴起，除了皇室之外，士人拥有最多的资源，更是社会的核心。因科举制长期积累的影响，士人掌控了集体价值的决定权。因此，士人相信什么，不是简单的个人信仰问题。“程朱、陆王之争”愈演愈烈，有其难解的政治和社会因素。

两派争端之所以如此激烈，是因为牵涉科举考试。科举考试的每个环节其实都是政治。谁来出题，出什么样的题目？谁来阅卷，用什么标准阅卷？科举考试决定了很多人一辈子的前途和命运，决定他们一家子乃至整个家族后代的社会地位。“程朱”与“陆王”斗得厉害，因为不同派别对于考题和答案有不同看法，就会选择不同的人，淘汰不同的人。如此一来，宇宙论与人生论的信念，就和派别的壮大或消长紧密联结在一起了。当时社会上拥有最庞大资源的人，分别成了两个巨大的思想派别，一个是“程朱派”，另一个是“陆王派”，两派都必须想方设法压倒对方。

---

[1] 根据近代一些学者和日本学者的观点，宋代以后的社会被称为“近世”，与当今常用的“近代”并不是一回事。本系列著作第八册将详细讨论这个问题。

04

# 程朱、陆王之争与古代经典注释

不论是“程朱”说的“格物致知”还是“陆王”说的“明心见性”，他们的真理权威来源都是孔子、孟子，也就是所谓的“孔孟本意”，即孔子、孟子原始的思想和教导本意。两派僵持，一派说格物致知是孔孟本意，另一派说明心见性才是孔孟本意，而且彼此都指控对方违背了孔孟本意。因此，从明朝中期阳明学壮大之后，自然就引发了一个学问上的冲动，一个治学知识上的潮流，那就是回归原典、原籍去探求孔孟本意的学术倾向。

孔孟本意在哪里？在书中。不只是《论语》《孟子》，还有孔孟继承的周朝王官学经籍——《诗》《书》《礼》《易》《春秋》。[1]

[1] 经学，旧称“王官学”。周朝及周朝以前的中国教育都是“学在官府”，教材就是今天我们所说的经书。

于是在这时开始了对四书五经认真仔细的考究。《论语》的字字句句都要弄清楚，尤其是牵涉两派解释差异的语句，例如“我欲仁，斯仁至矣”，就七个字，但关系着人是否可以不靠学问积累而立即到达“仁”的境地。这句话是阳明学的重要依据，所以有很多讨论。“我欲仁，斯仁至矣”这七个字，如果不是“明心见性”，又有什么其他解释吗？如果你是“程朱派”的人，怎么做？你必定要主张“我欲仁，斯仁至矣”，不能用表面的字义来理解，这些字在孔子的时代有不同的背景和用法。

出于辩论的需要，进而刺激“程朱派”士人将经书中出现过“欲”的经文统统搜罗整理，以便建立论据：古人讲的“欲”，本身就有层次，就有“功夫”的意思，不是单纯“想要”的意思。

这种态度在明朝中期之后开始涌动，越来越多的人回到经籍本意上做各式各样的研究。此路一开，大家就发现，有待研究的题材还真多！自汉朝以降，中国的儒学传统就建立在传注传统上。也就是说，传统的知识学问并非以创造出新内容、新成分为目标。在漫长的历史中，中国知识人表达知识的方式，是对于已经存在的经典进行解释和补充。汉朝时就定了基本前提——所有值得说的、最美好、最重要的东西，都已经在之前的“黄金时代”被诸圣贤说过了。后来的人只能进行提醒（圣贤说的，我们或许忘了）和说明（圣贤讲得太精到，或许现在的人不能完全领略）。

“传注”就是解经、注经、传经，就是历来积累的对于经书的丰富说明。从明朝中期开始，我们看到了知识学问倒溯的历程。许多人回头整理传注，进行新的分类，也就是建立自己认为适当的系谱。到明朝灭亡前，中国士人界已普遍接受了一条原则：要理解经籍文字的“本意”“正义”，要从传注一路回溯，一路重建。在回溯和重建过程中，越古老的资料就越接近孔孟时代的意见，价值也越高。

讨论“我欲仁，斯仁至矣”，当然要看传注内容。朱熹、孔颖达和郑玄，各有各的解释。另外，《论语》中还记载了子张的看法，我们接受谁的，相信谁的？以前，这些不同时代的意见会被并列来讨论，可是现在有了新的原则，基本上越古老的论述就越有权威。子张是孔子的弟子，而且是亲炙孔子，所以他的话当然最可信。于是，“去古未远”成了他们口头和文章里经常出现的说法，时间久远慢慢取代了论理的精妙和精到，成为决定真理最重要的标准。不是说谁讲得特别好，而是谁讲得特别早，或讲得特别接近早先的本意。

05

# 古代经典注释与考据学的繁荣

这个变化在明朝中期以后开始发展，然而紧接着，历史迎来了巨大转变。1644 年，明朝灭亡，女真人建立的清朝入关，统治中国。

清朝的建立者看到，要统治中国，必得先收拾扮演社会核心角色的士人，所以首先就积极且严格地管制士人的书写和表达自由，于是有了一波又一波具备杀鸡儆猴意味的文字狱。士人阶层中本来就存在从理学内讧而来的追求孔孟本意的思想潮流，清朝建立后，文字狱威吓相加，于是就产生了主导整个清朝最重要的学问形式——考据学。

考据学有两个源头。一是考证五经与孔孟思想本意的内在冲动，二是外在的政治管制造成的思想钳制。文字狱的乌云笼罩，写别的东西都有危险，不晓得哪一天会因此贾祸，最安全的应对之策就是完全不表达自己的意见，讲来讲去都是五经，都是孔孟原来就有的意思。清朝统治者依然尊孔尊儒，以儒学为科举考试内容，所以研究古书既可以延续士人地位，又可以安全避祸。

考据成了清朝最了不起的学问。那是一个奇怪的时代。那个时代的人，你的荣华富贵和职业生涯都取决于你能读多少中国传统古书，记得多少古书的内容。更重要的是，你能在古书中对比出多少差异来。

考据的流行刺激士人追求成为大学问家，成为博学鸿儒。要被人尊敬，要能在官场上提高权威，一个人必须展现其读书的能力：一本书他可能读过 160 个版本，在这 160 个版本中，84 个版本里的这个字是这样写的，另外 76 个版本里的这个字是那样写的。参酌其他 30 本书后，他评断这个字应该是那样写才对。别人只能叹服。今天我们提到做官的人，想到的可能是财政部部长或教育部部长，他们天天都在开会，官越大，会开得越多。清朝的官，却是每天在书房里读书，而且用一种特别的方式读书：拿着各式各样的传注版本，不断对比。

博学鸿儒不只博学，而且其博学有特殊目的。积累的博学为了能进行对比，最后才能提出自己的意见：古代这个字，初写下来时应该是这样，然而，为什么今天我们不是这样写？因为经过了那样的过程，在某一个特定的版本上开始出现差异。能够提出意见且让人信服，就可以在官场步步高升。那些具体和琐碎的事，有“吏”承担，不是“官”的工作。

投注全国最精华的人力（最聪明的小孩儿，又长在可以提供最好资源的环境中，最有机会出头），倾全国之力（朝廷鼓励，全社会最好的资源全部给这一群人用），一两百年下来，当然做出了相当出色的成绩。

06

# 阎若璩探案《古文尚书》

考据刚开始，是考“经”。要证明孔孟本意到底是什么，当然要仔细考据经书，追究书中每一个字的原始意义。考经的过程需要追溯：什么样的佐证最有用？既然越后来的传注材料权威性越低，那就应该上溯去追，追到和孔孟时代甚至经书产生的时代最接近的文献来做佐证，那就是过去列为“子学”的书。《庄子》《老子》《墨子》《荀子》《韩非子》《吕氏春秋》，这些春秋战国时期产生、流传下来的文本，和五经、孔孟的时代最接近，有些甚至是和孔孟同时期的。于是，从考经很自然地扩大到考“子”，也就是考据子学著作的版本异同。考据子学之后，考据的精神继续发扬，再往外面去拉进更多材料来参酌对比，于是又有了考“史”的潮流，考证多种史书的内容异同。能够这样持续扩张其范围，实在是因为投注在考据上的人才资源太庞大了。

考据学最重要的成就之一，是阎若璩对于《古文尚书》的完整研究。《尚书》按其版本流传，分为《今文尚书》和《古文尚书》。秦始皇焚书，使得书籍失传，《今文尚书》是老儒伏生等人在秦亡入汉之后，凭借记忆和口述，将《尚书》的内容重新记录下来的。《古文尚书》则传说是拆孔宅墙壁时寻获，藏在里面没有被秦朝烧掉的版本。依照这样的来源，《尚书》的内容若有出入疑义，《古文尚书》应该比《今文尚书》更可信。

然而在传统上，很早就有人疑惑：《古文尚书》和《今文尚书》读起来，在字句难易程度上明显不同，而且《古文尚书》比《今文尚书》容易读懂。照道理说，《古文尚书》应该比较接近商周原本，《今文尚书》是后来伏生背出来的，有可能掺杂了后来的语法和用词，但为什么读来读去，《古文尚书》都比较简单？

阎若璩做了一件划时代的事，他详细考证《古文尚书》，将所有能够掌握的资料做了清清楚楚的排列，比对出一个明确的答案：《古文尚书》是假造的，不可能是商周原本，应该是到东晋时才完成的。也就是说，上千年来，大家所相信的重要经书权威，认为最足以代表商到西周的文献，竟然是后人伪造的。阎若璩又考证出，伪造之事，东晋梅赜的嫌疑最大。

这简直是个了不起的侦探故事。靠细心搜集资料，聪明敏锐的推理，阎若璩破获了一桩历史悬案。不过这个伟大的侦探阎若璩对后世产生的影响远超过《古文尚书》的真伪判断。他开了一扇门，或者说打开了潘多拉的盒子。从此，考据一事，表面上还是原来那个学问，骨子里却完全不同了。其中最大的不同，是从事考据之人的基本出发点和基本假设，已非同以往。

07

# 考据学的拓展

## ——从"辨伪"到"疑古"

考据学内在理路的起源，是要考究本意。也就是说，要努力了解这些经书真正的意义，因为它们是真理的承载者。将经书上的每个字和每句话都弄清楚，不只是各家各派不用再吵了，我们也就充分掌握了真理。可是从阎若璩以降，投身于考据中的人，却不得不多自问一个更前沿、更根本的问题：这书是真的吗？

大约从乾嘉之后，中国的学问主流中出现了"辨伪"的概念。追索本意之前，先得确认哪些文献是真的，哪些真正是孔子看到的文献，哪些真正是孔子写的。辨伪，先要将假的揪出来。然而，在辨伪的同时，也跃动着另一种特别的精神，那就是"疑古"。面对文献，人们开始有所怀疑：古代人的文字和古代的文献，真的如此这般吗？

以辨伪之名，行疑古之实，这是不少考据学家采取的方式。

他们刚开始不敢大张旗鼓，每个人都还是坚持，辨伪是为了确认真的文献。可是，到了道光和咸丰年间，尤其是鸦片战争之后，情况明显地改变了。鸦片战争之后，西方势力堂皇、无情地冲了进来。西方科技与西方思想源源进入，从根本上冲击了中国人的自信心。原来以辨伪为核心的考据学，逐渐转型成为以疑古为主。

在西方的冲击下成长的新一代，强烈感受到沉重的屈辱，越来越觉得中国什么都不对。他们想：为什么中国这么脆弱？为什么中国人这么腐败？有人就主张，和西方相比，中国没有科学。什么是科学？那个时代的年轻中国人没有办法在短时间内掌握扎实明确的科学知识，然而，他们从屈辱经验的情感刺激中，却可以快速接受这种说法：科学就是求真，而求真的另一面，就是不放过任何虚假。

检讨中国的积弱不振，又一定会检讨到中国的官员与官场。《二十年目睹之怪现状》和《官场现形记》这两部清末谴责小说代表作，清楚地反映了当时中国人的无奈和悲愤。它们强调中国官场里的怪现状，正是一切罪恶的渊薮。而官场的恶中之恶，恶之源头，显然就是虚伪。人们认为，虚假和虚伪成了中国的病根。

这些无奈而悲愤的年轻人向往西方，可是他们所受的教育却还是传统经、史、子、集与考据学的训练，他们最熟悉的是中国历史。如此一来，他们就感受到了官场与历史记录之间的某种对应关系。中国这么糟，不只是官场上的人虚伪，说假话，说大话，连我们记录历史的文本都同样在说假话，说大话，同样虚伪。这就让辨伪更进一步朝疑古倾斜了。

疑古有了越来越强的动机，其中最强的动机是——救国。要让中国从虚伪中解脱出来，用科学的方式面对真实，面对自己。

08

# 顾颉刚的“古史层累构成说”

疑古风潮始于清末，到民国初年更是流行。民国知识界疑古的代表性人物，首推编辑出版《古史辨》（全七册）的顾颉刚。顾颉刚为《古史辨》第一册写了一篇长序，原始版本的《古史辨》第一册有四百页左右，其中一百二十页是顾颉刚写的这篇序。他在序中将那个时代的年轻读书人面对历史知识时的挫折与疑惑巨细靡遗地记录下来，他们被挫折和疑惑刺激出了巨大的热情。读顾颉刚的长序，我们就能明白，《古史辨》不是一项单纯的、冷静的知识活动，而是一项热情的理想运动。

这场理想运动很快吸引了许多学者投身其间，包括胡适、傅斯年、郭沫若等人。当时最活跃、最聪明的年轻人几乎都加入了进来。他们要救中国，要以科学的方法救中国，然而他们真的没有能力用科学的方法研究科学，于是退而求其次，“用科学的方法”“整理国故”（胡适语）。他们对国故很熟，对科学的方法一知半解，所以整理起来，真正的重点就集中在对中国所有的古书进行一场大整肃，要从中间整出所有假的、骗人的内容。

这场大整肃初期获得的重要成果，也是顾颉刚在那篇长序中明确提出来的一个理论，叫作“古史层累构成说”。❶

“古史层累构成说”主张：中国历史有一个信史时代作为原点，从信史时代以下，历史才有了真正的记录，才可以被查核，也才可信。信史的起点，和过去传统讲的历史源头，有很长的一段距离。传统说法中，不管从盘古开天辟地开始，还是从黄帝开始，都不是信史，都不可信。

这些传统说法是怎么来的？是经历了一段造史时期而形成的。造史时期的人们热衷于制造历史，而且，他们依循一个基本原则陆续创造了种种历史传说。这个原则就是：越早前的历史是越晚后创造的。这里有一个人说：“历史是从这里开始的。”下一个在他后面出来造史的人，就会在他说的历史起点之前再找出一点，说：“哦，不对，历史其实是从这里就开始了。”再后面又有一个人出来，就又跑去造更前面的历史。这叫作“古史层累构成说”。古史是以相反的程序一层一层倒过来堆叠上去的。我们今天看到的

---

❶ 1923 年，顾颉刚先生在《古史辨》第一册刊文《与钱玄同先生论古史书》中提出“层累地造成的中国古史”，简称“层累造成说”，也称为“古史层累说”或“层累说”。本书统一称之为“古史层累构成说”。

历史，越早的内容，其实是越后来创造的。

顾颉刚等疑古派认为，中国信史的起点，最早只能推到《春秋》。《春秋》是第一部可稽核并可信的历史文献。换句话说，在《春秋》之前，在东周之前，历史都是依照“古史层累构成说”造出来的。关于西周的历史内容，大概就是春秋时代的人创造的，那时他们知道的“过去”和“历史”就是刚过去的西周。那么，商朝呢？一定是春秋后期或战国早期的人造出来并且放在西周之前的历史。

“古史层累构成说”一度风靡全国，感染并说服了许多人。为什么要造史？因为春秋、战国的分裂局势，加上诸子活跃，百家争鸣，大家提出各种主张争取认同。在那种环境中，历史很有用，可以帮助增加学说的说服力，也可以提高新兴诸国的地位。“我的学说依古有据”，“我的祖先早有功绩”，这些说法在那个时代很流行，刺激了大家向前造史的合理动机。越后来的，越能站在别人已有的说法上，往前夸耀自己的古老传统和创始地位，所以造成了这种逆向积累的特殊现象。列国与诸子为了雄辩争胜，就拿历史当工具，造出许多久远的历史来。

在疑古派的心目中，最具代表性的造史者不是别人，正是孔子。这个看法其实是承袭清末公羊派，尤其是康有为的《孔子改制考》而来的。康有为抬高孔子，认为孔子不是真正要“复周礼之古”，而是要“托古改制”。也就是说，孔子讲的那些古代圣王，其实是假托，他将自己的理想寄托在尧舜禹汤和文武周公身上。

这岂不就是造史——为了现实需要创造历史——的例证？孔

子看不惯抓住权力不放、侵夺天子权力的诸侯，就对诸侯说：古代有真正伟大的君王，他不抓权力，自愿将天下禅让给真正有能力的继任者，这位伟大的君王名叫尧。尧成了禅让理想的古代代表，后来就有人在尧上面造出一个许由，他比尧更不爱权力，人家要将天下让给他，他非但没有接受，还马上跑到河边去洗耳朵，觉得自己的耳朵被那句话给污染了。他比尧更清高，更伟大。

想要宣扬什么样的主张，大家就都学孔子托古改制，去创造出更久远的历史人物来做例证。如此一来，造史造得不亦乐乎，中国历史就被造得越来越长，越来越古了！

过去中国古史知识最重要的依据，是太史公司马迁的《史记》。《史记》是从三皇五帝，从黄帝与蚩尤的时代开始讲起的。可是顾颉刚等疑古派大笔一挥，就将中国历史斩了将近一半。本来五千年的历史，一下子变成只有两千多年。对中国信史的主张，疑古派将它上纲为一种重要的现代态度与科学精神，实事求是，先从承认自家只有两千多年的历史做起。他们认为，历史是历史，传说是传说，要摆脱过去的造假习惯，认真分辨清楚。

09

# 社会史论战

## ——用“科学”认识中国史

疑古是一种很激烈也很耸动的姿态。与《古史辨》大约同一时期，历史学界还有另外一波热闹讨论，那就是“社会史论战”。社会史论战的核心思想就是我们现在正在做的事：重读中国历史，重新认识中国历史。不过，它有更明确的认识基础和目标，那就是引进西方的科学方法，重新给中国历史分期。

社会史论战的源头，是恩格斯将人类学家摩尔根（Lewis H. Morgan）关于人类社会演进的主张与马克思的唯物史观相结合，提出了人类历史的演进规律——从原始共产社会进入母系社会，再从母系社会进入奴隶社会，再从奴隶社会进入封建社会，再从封建社会进入资本主义社会，最后则要再从资本主义社会进入社会主义社会和共产主义社会。

一群中国年轻人学了这套理论，并将其作为科学规律，认定这就是已经取得科学证明的真理，回过头来强烈批判一般中国人还在强调的尧舜禹汤和文武周公的历史传说，因此掀起了社会史论战，要来争辩中国历史中到底哪一段是母系社会，哪一段是奴隶制社会，以及封建社会取代奴隶制社会发生在什么时候之类的问题。

社会史论战和《古史辨》有密切的联系，因为如果没有可信的史料，无法辩论社会史分期。或者说，要讨论社会史分期，必须先站在已经被检验过的史料上来谈才有意义，而经过《古史辨》疑古态度检验的史料，让这样的讨论成为可能。当然，受《古史辨》的影响，这些辩论对古史史料一般都采取了相当严苛的态度。

他们接受了《古史辨》对于中国信史开端的看法，认为那时中国已经是奴隶制社会，正向封建制社会过渡。在此之前呢？与其相信各式各样后来层累构成的传说，还不如引用西方的科学理论，奴隶制社会之前一定有母系社会，就能依此推出来中国信史之前，也应该有母系社会阶段。

10

# 金石学的发展与甲骨文的发现

在时间上与此平行的，还有其他关于古史研究领域的发展。

一个重要的变化还是和考据学有关。从明到清，考据大盛。不过，清末之前，考据学考索的对象都是书。然而，受考据学的影响，金石学这门原本只是过去文人消遣的学问，开始有了不同的特性。

金石学搜集、记录古文物，尤其注重钟鼎之器。部分古代钟鼎上面刻有铭文，传统上称为“金文”。在考据学好古而且强调记载越古越有权威的价值标准下，金文有了不同的重要意义。由各种条件判断，这些钟鼎之器时代久远，有早至商周时期的。如果其上铭刻的金文和器具一样古老，那么这些不见得能完全辨认的文字，岂不应该比书本和文字记录更真实、更权威？毕竟书上的文字是经过多次传抄才留下来的，金文却原样保持了当时的文字和内容。

然而金石之学，尤其是对金文的研究，有其现实的局限。其中最大的问题是，没有足够多的文字铭刻保存下来，也没有足够多的古物可供建立器物系谱，辨认各种器物的年代排列，哪一个比哪一个早，进一步探测这件应该是什么时代的，那件又是什么时代的。因此，受考据学启发的金石之学一直只能作为旁枝，而且还是潜流式的旁枝，只吸引了少数人的兴趣。

重要的突破出现在1899年。古史研究者注意到从地底挖出来的龙骨。龙骨是一味中药药材，也就是石化了的动物骨骼残骸。不过，其中有一种上面有刻纹，被认为有神符加持，特别有效，也就可以卖到较高的价钱。这些有刻纹刻字的龙骨，其实就是甲骨。

甲骨是甲和骨的合称。甲是龟甲，不是比较厚、比较硬的背甲，而是薄一点儿的腹甲，盖住肚子的那一块。骨则主要是牛的肩胛骨。不论是甲或骨，使用前要先整治，磨薄磨平，然后在其中一面钻凿一个洞，翻过来在洞底下用火烧，于是被钻凿得最薄位置的另一面，就会裂开，裂开时会发出“卜”的声音，同时裂出不定的痕迹。看痕迹，解读痕迹所显示的意义，就可以揣测祖先的意思，然后再将祖先的意思和卜出的答案，记录在甲或骨上。这是后来历史学家重建的商朝甲骨的用途。

1899年，在河南，突然一口气挖出了大量“卜甲”与“卜骨”。对金石学了解甚深的罗振玉最早发现这和古史间有非同小可的关系。从那时开始，陆陆续续有将近二十万片甲骨到了学者手中，直到1928年，中国考古史上出现了一项关键突破——小屯殷墟的发掘。

今天已经充分明了，小屯殷墟是商朝最后一个都城。古史记录中的盘庚迁殷事件，其中的“殷”指的就是小屯这个地方。先是金石学者，后来是考古学者，被龙骨带领着，一路寻找其源头，终于挖出了规模庞大的小屯殷墟遗址。殷墟发掘的意义非凡，那里出土了宫殿遗址和大批器物，出土了有铭刻的青铜器，还有更多带有清楚铭刻的甲骨。众多甲骨文字提供了确切的证明，证实了商朝的存在，同时也证明了顾颉刚等人断定的中国信史开端应该再往前推，至少推到将近四千年前。

进一步探究甲骨文记录，正如后来《左传》所说的“国之大事，在祀与戎”，甲骨文中卜问的主要内容是祭祀和兵戎，上面会有天干地支纪年、纪月、纪日，然后会有王的名称。将甲骨文里出现的王的名字排下来，和《史记·殷本纪》上叙述的几乎一模一样。如此产生的另外一个影响是，甲骨记录肯定了太史公司马迁的《史记·殷本纪》是有根据的。我们不能再指责司马迁是到处捡来各种传说，拼凑成三皇五帝一路下来到夏朝和商朝的故事了。甲骨文帮司马迁平反，之后没有人可以再用轻蔑的态度对《殷本纪》指指点点了。我们难以质疑司马迁的历史记录，也不得不惊叹，司马迁虽然离商朝有千年之久，却在文献记录上保持了准确。

《殷本纪》原来被疑古派划在信史以前的传说部分，也就是不可信的部分，现在有殷墟甲骨证明它其实是可信的，如果《殷本纪》后面这一半，自祖甲以下都和甲骨资料相符，那么有什么道理去怀疑《殷本纪》祖甲之前的记录？再往前推，那么《殷本纪》之前的《夏本纪》呢？是不是也要重新评估《夏本纪》，至少不能理所当然地将之视为传说了吧？这就刺激了 20 世纪古史研究中极为热闹的夏史问题，很多新发现的考古遗迹都曾被看作可能的夏史材料。

11

# 发掘小屯殷墟的“天下第一所”

刚开始追龙骨、研究甲骨的是一群民间学者，靠自己的力量进行。后来在“五四运动”健将傅斯年等人的主持下，国民政府于1928年成立了“中央研究院”的第一个研究所，就是至今仍被戏称为“天下第一所”的历史语言研究所，简称史语所。为什么是“历史语言研究所”，为什么将“历史”和“语言”放在一起？看史语所的英文名称会比较清楚，叫Institute of History and Philology，是philology（语文学），不是language（语言）。“中研院”另有一个“语言学研究所”，英文名称是Institute of Linguistics。傅斯年在德国所受的学术训练，和中国传统考据学有相通之处，都主张研究历史要从研究古文字和古语言开始。对古代文字和语言的研究，就是philology。要能够懂古文字和古语，才能够懂历史。

傅斯年除了强调古文字语言的重要性，还强调用各种不同手段寻索并扩充史料。用他的话说，叫“上穷碧落下黄泉，动手动脚找资料”。上穷碧落下黄泉，意味着不能留在书房和图书馆里，那么，动手动脚也就摆明了要做考古工作。

史语所成立后的第一个大计划，就是河南安阳小屯殷墟考古。这个计划可以说是一战成名，迅速奠定了这个机构的重要地位，对史语所，对中国后来的考古学都产生了深远影响。中国第一个由国家支持并推动的考古发掘，就取得了如此巨大的成就，当时参与其中的人，真正有考古学背景的是李济，而跟着李济的一群年轻人，当时可能尚未决定自己的学术方向，比如董作宾、高去寻、石璋如和胡厚宣，他们挖完安阳小屯殷墟遗址之后，突然发现自己已然成为世界考古学界的顶尖人物了。

他们发现了庞大的建筑结构、复杂的墓葬和精致的青铜器，还有大批刻有文字的甲骨。更重要的是，这些发现和文献相呼应，呈现了一个立体的历史图像。这的确是世界级的惊人考古发现。参与其中，他们就有了令国际考古学者都深感羡慕的实地考古训练与实战经验。

不过，小屯殷墟挖完后，接着的计划却再也无法展开了，因为接下来是连年的战争。1937 年，抗日战争全面爆发，直到 1945 年才结束。而抗战结束之后的内战，直到 1949 年才结束。其中有些人到了台湾，有些人留在大陆。这些人的遭遇决定了后来中国古史研究的方向。

我不知道哪一群人比较幸运。董作宾、高去寻和石璋如等人到台湾，继续做研究。他们还在“中央研究院”，在南港继续殷墟研究。当年考古发掘出的许多重要文物都被搬来台湾，他们可以和这些文物朝夕相处，把它们认识得更彻底，解释得更清楚。然而，不幸的是，作为考古学家，他们却从此失去了进一步的实地考古经验。想想，一个刚一出道就挖过小屯殷墟的人，要如何在台湾做考古？曾经沧海难为水，他们怎么可能提得起劲，认真去挖台湾新石器时代的遗迹，去挖凤鼻头、圆山贝冢。

他们的悲哀在于，小屯殷墟就是他们学术人生的最高峰。当年挖殷墟时，董作宾33岁，他一辈子没有离开过这个领域。到台湾后，他就一直研究殷墟，尤其是研究殷墟甲骨文，没做别的，也做不了别的。他们梦想着有朝一日将小屯殷墟弄清楚了，过几年回到大陆，可以去发掘更多文化遗址。他们一直等，一直等，也没有等到回大陆的那一天。

正因为如此，这一批小屯殷墟发掘出来的考古遗址、遗迹与遗物，被研究的透彻程度，在世界史学史上恐怕是空前的，说不定也会是绝后的。以董作宾研究的甲骨文为例，每一片甲骨都有详细记录，整合起来排出了商朝后面一百三十年的时间表，不是年表，不是月表，细到可以做日表！只要有卜问，留在甲骨上有线索的，董作宾就可以靠干支与月相的指引，一一准确系日，确定这件事发生在哪个王的哪一年的哪一天。

在青铜器制作方面，他们也巨细靡遗地复原了每一件器具的铸造过程。他们确认范铸法的制造流程，设计每一片的外范、内范怎么做，又怎么被拼起来，还估计了青铜熔液的温度，灌入熔液的角度。一直到拆范过程中会碰到的问题，这一切，他们都研究得清清楚楚。他们在这上面耗费了一辈子的精力。

12

# 彻底改写中国历史的考古发现

构成强烈对比的是留在中国大陆的一群学者。他们有自己的优势，也有外在的局限。他们的优势在于可以在国家的大力支持下在全国范围内进行广泛的学术研究，他们所获得的资料也十分充足。他们延续了之前的社会史论战，最关心社会史分期的规律如何运用在中国历史上，比如，什么时候是奴隶制时代，什么时候是封建制时代，以及中国的资本主义阶段在何处，等等。

1949年之后，中国史学界的另外一件大事，是用全新的人民立场将中国历史全部改写一次。过去从统治者立场讲的“反”和“乱”，都要改称“农民起义”。所以黄巢是“起义”，张献忠是“起义”，李自成也是“起义”，都是“起义”。同样出生于1910年前后的胡厚宣和夏鼐，有着很不一样的遭遇。曾经参与安阳小屯殷墟发掘的胡厚宣，1949 年之后在考古上没有什么发挥的余地。他在郭沫若的支持下，数十年埋首于甲骨文的整理研究，最大的成果是皇皇巨著《甲骨文合集》全十三册。夏鼐没赶上 1928 年的殷墟考古，1949 年后主持过几场重要的考古发掘，1958 年之后因国内形势而无法继续进行研究。还好他活得够久，经历了“文革”，后被誉为新中国考古学奠基人之一。

“文革”之后，中国开展经济建设，大量进行现代化的公共工程。现代工程一定要挖地基，一往下挖，不小心就挖到古代的东西。突然之间，中国社会科学院考古研究所忙起来了。每个人都被派出去还不够用，全在做“抢救性考古”。他们在有限的时间内将古物挖出来，做基本的记录，然后就撤队，将工地还给施工单位，同时赶到下一个工地去“抢救”。中央的考古人员不够，后来各省就陆续成立了自己的文物队和考古队。

这些抢救性考古的成绩，在很短的时间内，补充了中国从新石器时代到铜器时代的资料。1949 年之前学术界认识尚浅的历史内容，现在有了更加完整的新认识。1949 年之前，中国考古学整理出的系谱，有旧石器时代的“北京人”和“山顶洞人”。然而，“北京人”和“山顶洞人”之间相差几十万年，中间的空隙无从弥补。新石器方面，能够确认的是彩陶文化与黑陶文化，但只是单纯地将这两种文化看成是在时间上相接续的，彩陶在前，黑陶在后，如此而已。

丰富的考古新发现，让这样的解释架构越来越难应对。彩陶文化和黑陶文化都有不同地区的几个系统，而且都有各自的早、中、晚期，不能单纯地将它视为前后两个阶段。它们在时间上有重叠，在地区上也有差异。

1949 年之前，中国考古界的共识是，新石器时代文化是在中国本土产生的，然而当时安特生（Johan Gunnar Andersson，1874—1960）就举马家窑文化为例，主张制陶的技术其实是从西方传来的，因为在西北甘肃的马家窑出土的彩陶，在彩绘和烧制技术上，都高于同时期的河南仰韶。1949 年之后，出现了更多新石器遗址，它们的地区分布与风格、技术和分期更复杂了。到底是哪里先影响哪里，就更加难以认定了。

更麻烦的还有长江流域的考古发现。河姆渡文化在大约与仰韶文化同时期就已经出现了种植稻米的遗迹，还有了“脚楼”的建筑形式。这都是仰韶没有出现过的，绝对不可能是从仰韶传过去的。在河姆渡文化旁边的太湖区，接下来又发掘出了良渚文化，出土了大批良渚玉器。中国没有任何一个地方曾经出土过那么多、那么早又那么精美的玉器。

还有一个足以改写新石器时代历史的遗址是西安半坡遗址。西安半坡遗址的难得之处在于，它是一个完整的居住遗址，整个村子都被保留在遗址里。考古过程中通常最容易挖到的，一是垃圾堆，一是墓葬，因为只有这两种地方最有可能留在土层里。居住区因为会不断反复使用，后来使用就改变并且抹去了前面居住的痕迹。西安半坡遗址出土，让我们可以进行古代社会组织的细部研究。西安半坡遗址的社会组织已经非常复杂了，所以引发了一连串问题：为什么会有这么复杂的社会组织？发展到这么复杂的社会组织，前面应该会有的历程是什么？

接着，又因为苏秉琦对红山文化的解释（苏秉琦 1986 年的论文《辽西古文化古城古国》），在学术界掀起了热烈的讨论。红山文化在今天的辽宁、内蒙古一带，是一般认定的中国边界地带，不属于核心区域，可是红山文化在工艺技术、石器技术和陶器技术上，却远远领先于河南仰韶文化。红山文化还发现了大批明确的宗教祭典遗址，也异于仰韶的文化特色。

还有，在各地考古遗址发现大量的城墙遗址，绝大部分是夯土墙基。什么是夯土？将泥土聚积在两边固定夹好的设施中，反复将泥土打实，叫作夯土。宫殿遗址也是建在夯土地基上的。要夯出庞大的宫殿和城墙基础，必定动员大量人力，也就告诉了我们那个社会的组织形态，尤其是统治形态，不会太简单。

这些考古发现，彻底改写了中国历史。

13

# 重新认识中国历史，从考古开始

先暂时放下经历过种种争议的文字和文献资料，以考古发现开始，检验目前找到的最古老的考古遗迹与出土对象，重新认识中国历史。为什么从考古开始？因为考古发掘无从否认，实实在在保存在土层里的对象就在那里，考古分析告诉我们许多无法否定的事实。先掌握这些事实，再以这些事实为基础来解读文献，就有了明确的方向。这本来就是今天这个时代提供给我们的重要资源，是过去几百年研究古史和争论古史的人无法享有的资源，我们当然没有道理不善加利用。

考古不是单纯的发掘，更重要的是长期积累经验开创出来的分析工具。例如，地层学（stratigraphy）可以告诉我们，探坑挖下去如何分辨不同层的相对时间。台湾新北市八里区的十三行博物馆里有一个复制还原的考古探坑，构成了一整面墙，那就是地层学的现场教材。站在那面墙前，你可以清楚地感觉到，时间，而且是大量的、长期的时间在那里展现着，可是我们有没有能力分辨各层时间。如何测量各层时间？到哪里是一层，哪里又是另一层？那是多少不同人群反复居住才创造出来的，可是这群人和那群人如何区分？又要如何理解他们彼此之间的关系？

还有风格学（stylistics），是利用挖出来的对象在风格上的异同对比，来定位这个文化的时代，以及安排与其他文化间的地理和时间距离。另外也用到一些非常明确的科学探测手法，以前利用碳－14（$^{14}C$）很长的半衰期，来测知考古发掘古物的年代，现在还出现一些更新的技术。还有孢子研究、植物学研究和年轮研究，都可以用来确定时间，同时分析当时的自然或人为种植环境。

完整的考古发掘与研究铺出一条起点，知道哪些事是我们可以明确掌握的。例如，约四千五百年前，有一群人曾经在一个靠河的地方居住过，种植了小麦，还盖了什么样的住宅，住宅如何集拢成聚落，他们又在当时使用了些什么样的工具。

我们现在所看到的中国新石器时代重要的考古遗址从八千年前开始，有红山文化、仰韶文化、龙山文化、河姆渡文化和良渚文化等。当然，这些挖出来的考古结果，不会是这段历史的全部。有些重要的考古遗址还没有被挖出来，另外有些重要的考古遗址可能永远挖不到，也挖不出来了。我的老师张光直先生在过世前一直努力想要做的一件事情，就是大规模进行黄河下游的考古发掘。他相信那是商文明的真正起源地，可是因为黄河堆积的关系，一层层黄土堆了几千年，所以这个区域很难有考古成绩，根本不知道先商文化遗迹如果还存留着的话，究竟埋在多深的地方。

重新认识中国历史，我们要尽量不受后来的看法和偏见干扰，才看得出真正的含义。

第二讲

# 考古学帮助我们重新认识中国古史

01

# “挖死人骨头”的考古学

我在高中时自以为对文化有了特别的关怀，也自以为读了许多谈文化的书（《中国文化史》、《西洋文化史》、《东西哲学及其文化》、《中国文化的前途》和《佛教与中国文化》等），却迟迟没有接触过一个名字上有“文化”二字的学科——文化人类学。

还记得我们考大学填志愿的时候，对于摆在我们眼前的大学科系，绝大部分都搞不清楚状况。文科志愿中最奇怪、最难理解的，首推全台湾独一无二的“台大考古人类学系”，只此一家，别的大学都没有这种奇怪的系。但偏偏它又开在台大，不是任何其他大学。如果是台大以外的任何一所大学单独开了这个系，我们的反应可以很自然，很直接——不理它，当它不存在就是了。然而这是台大文学院的最后一个志愿，绝大部分人还是觉得不能放弃任何可能上台大的机会。

于是我们难免要对考古人类学这几个字多看几眼，难免要讨论一下这几个字的含义。不知从什么时候起，中文组班的学长中间流传着一个对考古人类学的简单定义，用闽南话说就是“挖死人骨头的”。

就算我年少时兴趣广泛，也不可能会对专门学习如何“挖死人骨头”动念的。我认定了就是要读历史系，外语系和中文系都没填进志愿里，当然不会考虑考古人类学系。

没想到最后我依照自己的志愿进了台大历史系。在大一的必修课中，赫然出现了“考古人类学导论”。我高中时逃课比较多，上了大学更是变本加厉，大部分时间都耗在图书馆里找书读，上课能不去就不去。开学好一阵子，我还没好好在“考古人类学导论”的课堂上坐过，也就一直没搞清楚这究竟是怎样一门学问。

我不急，不在乎，历史系的学姐比我急，比我在乎。她好心地翻出自己大一时用过的笔记秘籍，硬塞给我。我花了一两个小时在图书馆翻了翻上学期的笔记，才明白，哇，考古人类学还真的是“挖死人骨头”的啊！

陈奇禄老师教的“考古人类学导论”，先列出了考古人类学的分项内容，包括体质人类学、考古学、民族志和文化人类学，然后就进入对体质人类学的说明。笔记上，都是密密麻麻的人体结构绘图和骨骼形状图，还有关于人骨的种种专有名词。乍看之下，很像医学系学生的课程内容，唯一醒目的差别是：不教肌肉，不管内脏，就只有骨头、骨头、骨头！

寒假之前，上一个学期的“考古人类学导论”期末考试，我考得一塌糊涂。考卷上有一整道大题完全空白。陈老师上课时交代过，一定会考关于人类头骨的相关名词，大部分同学都知道要特别准备，只有我不知道。“请写出‘头宽’‘头高’‘头长’的定义及其学名”——对于这样的题目，我只能望而生叹。

考试成绩公布，我的“考导”（“考古人类学导论”的简称）真的“考倒”了，拿了62分，在班上排名倒数。看完成绩，走回文学院，我想起了笔记上说的，下学期“考导”的主要授课内容是文化人类学。为了避免又被“考倒”，我决定到图书馆借几本文化人类学的书，放假时好好提前进入状况。

02

# 从文化人类学到考古人类学

这一读，竟使我状况大乱。文化人类学开阔的视野，逼我重新思考历史、历史学与历史系的训练。相较于文化人类学那种结合科学理论、荒野冒险与文学记录的研究方式，历史，尤其是我当时所了解的传统历史与史学，显得如此狭隘，如此单薄而且古板。

大一下学期，和上学期彻底相反，“考古人类学导论”成了我最感兴趣的一门课。我还是没有花太多时间在陈奇禄老师的课堂上，不是因为对他教的没兴趣，而是嫌他教得太少，教得太慢了。我拿着那份笔记，把下学期“考导”课程中提到的每个人名和每个书名都记下来，然后到图书馆里抱回一堆又一堆的书。

两三个月的时间里，我认真读了埃德蒙·利奇（Edmund Leach）写缅甸高原社会原住民结构的书，读了布罗尼斯拉夫·马林诺夫斯基（Bronisław Malinowski）和 E. E. 埃文斯-普里查德（E. E. Evans-Pritchard）的民族志，还找到了克洛德·列维-斯特劳斯（Claude Lévi-Strauss）《忧郁的热带》的英译本。在台北逐渐热起来的日子里，我坚持阅读。

然后，我确信自己喜爱人类学远胜过喜爱历史。于是我鼓起勇气，到“洞洞馆”[1]的考古人类学系系办，询问如何转系。

系办的助教听不懂我在讲什么。前面三分钟，他认定我要问他如何从考古人类学系转出去，因而带点儿不耐烦地反复声明：“你想转哪个系，就去问那个系，有的系有转系考，有的系没有。”我再三对他说，我就是想转入考古人类学系，所以才来问的，但这话好像无论如何都敲不进他的脑袋中。终于，他弄懂了，惊呼一声：“怎么会？”

考古人类学系没有固定的转学规定。助教帮我问了之后告诉我，因为已经多年没有遇到有学生要转入了，所以，把成绩单交来，然后跟系主任谈谈，应该就可以了。

那年考古人类学系的系主任，是李光周老师。约好时间后，我去办公室见他。他见面的第一个问题当然是：“你为什么会想转来我们系？”我早准备好了答案，立即将我对文化人类学的一点点认识全盘掏出，说了一大堆话，甚至还狂妄地比较了英国的功能结

[1] 洞洞馆是台湾大学里的三栋联合建筑，包含农业陈列馆、人类学系系馆和哲学系系馆。

构学派❶和法国的结构主义学派❷。

李光周老师面带微笑，很有耐心地听我讲，没有打断。等我讲完了，他才幽幽地问了一句："这个系叫作'考古人类学系'，但你都没有讲到考古学？"我愣了一下，还真没防备到会有此一问。我以为显现了自己对于文化人类学的热情与理解，系主任应该是赞许地点头说："很好，欢迎加入我们！"

我根本没准备，也没有预想的答案。不到20岁的我，只能从心底掏出真话来。我不喜欢考古学，觉得考古是一门很无趣的学问，而且其研究方法与知识推论，大有问题。什么样的东西会留在地下，什么样的东西会被发掘出土，充满了偶然。要如何靠那么偶然又那么稀少的材料，来推断过去的人类文化与历史呢？

李光周老师还是面带微笑，很有耐心地听，也没有打断我。等我讲完了，李老师仍然带着微笑，给了我他的答复："这位同学，现在我明白你的'考导'成绩为什么会那么奇怪了。很抱歉，我无法接受你转系，不是因为你刚刚说的话。你来之前，我们在系务会议上简单交换过意见，系里有老师提醒我：一个'考导'只考了62分的学生，实在不适合转进我们系。"

---

❶ 功能结构学派（Fuctionalism School）盛行于20世纪20至50年代，用社会文化系统运行的功能来解释社会文化制度、关系及行为，并形成了一些理论模式，代表人物有马林诺夫斯基和拉德克利夫-布朗等人类学家。

❷ 结构主义学派（Structuralist School）的最大特点是运用结构分析法。1945年法国人类学家列维-斯特劳斯在他的《语言学和人类学中的结构分析》（收录于《结构人类学》一书）一文中首先提出把音位学中的结构分析法运用到人类学研究中去的观点。

我想争辩说："那是上学期，下学期我一定会考出全班最高分！"但话却没说出口。李老师又多加了一句："不过我个人很欢迎你多到系里来上课，尤其是上上考古学的课。你对考古学很有偏见啊！"

三十多年后回想这段往事，我还是忍不住对自己的无知感到满脸燥热。我非但不了解考古学，也不了解中国考古学的惊人成就。我非但不认识代表中国考古学最高成就的学者，例如李济先生，也不知道李光周老师就是李济先生的公子！

03

# 我学习考古学的趣事

但李光周老师非但不以为忤，后来几年反而亲切待我，让我有机会接触、学习考古学，扭转了原先的无知与荒唐态度。二年级到三年级，我经常在台大考古人类学系所在的洞洞馆出没，经常会碰到李光周先生，他都记得我，都会把我叫过来问几句话，说几句话。大二暑假时，李老师还破例让我和他们系里的学生去鹅銮鼻考古。当然，那个时候我看待考古学的态度已经完全不一样了。

通过李光周先生，我因此有机会实地去从事考古。容我特别提及李光周先生，我大学毕业第二年，还在凤山当兵，突然接到李老师过世的消息，他那时还不到 50 岁。

我曾经有幸在田野中几次进出。试想一下，一名历史系学生，因为考古学成绩太差，无法如愿转系，这位考古学出身的老师却愿意这样带我、鼓励我。因为李老师和后来的张光直老师，我不只熟悉了考古学，而且对于考古学有了深切的感情。

今天，台大没有考古人类学系了，改名为人类学系，将考古学纳入人类学，不再另外突显出来。其实，当年的考古人类学系名称，反映了中国特别的状况，也就是考古学的强大。考古学为什么特别强大？因为李光周老师的父亲李济那一辈人惊人的考古成就，建立了这门学科的自信与地位。

不知你有没有听过这样一个笑话，是关于可怜的波兰人的。在欧洲的刻板印象中，波兰人最笨，所以许多笑话都以波兰人为主角。光是以“需要几个波兰人才能换一个电灯泡”开头，都能衍生出几十个笑话来。

另外一个普遍通行的笑话，是这样的。波兰发生空难，飞机坠毁。波兰军警赶往救援，波兰电视新闻实时报道，记者紧张激动地对着镜头说：“太悲惨了！太悲惨了！到目前为止已经挖出一千三百多具罹难者尸体，抢救工作还在进行中，仍未完成！”

一架飞机失事，为什么会有一千三百多人罹难？哦，原来是飞机撞得太深，撞进了一个考古遗迹，但波兰人却搞不清楚！

这个笑话一方面反映了欧洲人对波兰人的歧视和偏见，另一方面也反映了人们对考古学的偏见——把地底下的骨头挖出来，算学问吗？在西方，考古学直到19世纪中叶才渐渐成为一门成熟的学科，算得上是一门晚熟的学问。

西方考古学是在19世纪中叶成熟的。任何学问和知识与19世纪的欧洲扯上关系的话，就必然会沾染上那个时代的两个看似冲突实则并容且互补的特性：第一，19 世纪是科学与科学主义的世纪；第二，从另外一个角度看，19 世纪又是浪漫主义的世纪。考古学在 19 世纪所经历的成熟过程，也无可避免地受到这两个特性的影响。

04

# 改写考古学历史的谢里曼

19 世纪考古学崛起过程中的一位关键人物，是德国人海因里希·谢里曼（Heinrich Schliemann，1822—1890）。谢里曼拥有惊人的语言天分，会讲 18 种语言。他不是略通，拿来和人闲聊说几句日常会话而已。他充分利用这 18 种语言，在各地旅行时，走到哪里，就用那个地方的语言写日记。

谢里曼还真走了不少地方。他是个很成功的商人，发迹甚早，在俄罗斯帝国和美国都积累了庞大的财富，所以年纪轻轻的，41 岁，就已经可以安稳退休了。

退休这么早干吗？谢里曼将所有的时间、精力和财富，都耗在了小亚细亚的考古发掘上。他对这件事的投入和专注，夸张到甚至在离婚之后，他还在雅典的报纸上刊登征婚启事，征求对古希腊历史有强烈兴趣的女子当他的新娘。

谢里曼小时候家境不好，念的是职业学校，没上过大学。不过他 14 岁时，在一个特别的场合听见一个大学生用古希腊语诵读《荷马史诗》中的《伊利亚特》，深受吸引。以古希腊语诵读《荷马史诗》，诗行是押韵的，有很强烈的音乐性，而且是用传唱的方式留下来的。谢里曼从来没听过这么美的声音，于是，他立志要学古希腊文。凭借过人的语言天分，他很快就学会了，可以用古希腊文读《荷马史诗》了。在能够用古希腊文读《荷马史诗》之后，他产生了一个当时几乎没有人同意的强烈信念——他认为史诗中的这些内容不会是荷马或历代吟游诗人凭空创作出来的。

《荷马史诗》在欧洲已经存在了两千多年，是一代代欧洲青年所受的人文教养中不可或缺的一环。《荷马史诗》中的许多人物、故事，是欧洲人的共同记忆，也是欧洲文献背后共同的典故。长期以来，大家都认定《荷马史诗》是希腊神话的一部分，或者说，它和希腊神话有同样的来源。那当然不是历史，不会有历史的依据。

《荷马史诗》中有很多与现实不符的内容。例如《伊利亚特》中最重要的英雄，是刀枪不入的阿喀琉斯，他只在脚踵上有致命弱点，那是因为他刚出生时，妈妈握住他的脚踵将他全身浸入神液中，妈妈手握之处没有泡到神液。他是半人半神。还有许多奥林匹斯天神穿插在史诗故事中，他们住在奥林匹斯山上，掌握人的命运，还会随时以其神力戏弄、干预人事。还有一个迷倒所有男人的大美女海伦，偏偏嫁了一个懦弱的丈夫，可是丈夫的哥哥却极度强悍……

这些像是现实中会发生的事吗？然而，谢里曼读了《荷马史诗》，却凭直觉认定：那一场特洛伊围城的战争必定是事实。如果没有发生过那十年战争，荷马不可能凭空虚构，讲出这么精彩且复杂的故事。和当时一般人的常识不同，谢里曼坚持特洛伊围城真正发生过，而且下定决心要去证明众人抱持的常识是错的，他所相信的才是对的。

要如何证明？靠考古发掘。谢里曼接触了考古学，考古学就是他的依赖。若是真的有那么一场战役，战争打了那么久，那么特洛伊城不会是一个小城，特洛伊城不可能凭空从这个世界上消失。只要用对的考古方式，就能将特洛伊城挖出来，证明给不相信的人看。

在谢里曼的坚持下，如此疯狂的想法竟然实现了，写下 19 世纪考古学最浪漫、最惊人的一页。谢里曼改写了考古学史，同时也吸引了大批带有浪漫幻想的优秀人才陆续投身考古学的行列。

05

# 考古学是怎么产生的？

19 世纪的欧洲人怀抱巨大的知识野心，要用科学方法找到宇宙间所有的规律。这个野心来自积累多年的对于物质世界的研究。天上星辰的移动，基本上没有任何一步脱离牛顿力学定律。星辰如此，其他物质何尝不是如此？19 世纪化学大幅进步，物质为什么是硬的或是软的，什么时候这一物质可以被烧掉，什么状况下又会存留下来，都依循着人可以发现、归纳、整理的化学规律。在我们能见到、能观察的这个世界上，如果所有的物质、所有的物体都有一套规律、规范，那就没有道理相信唯独人类的行为是例外。

在 19 世纪，欧洲人做了这个既科学又浪漫的大梦——寻找、发现、确定“人到底是怎么来的？又要往哪里去？”的规律和规则，然后从中取得预见未来的能力。要预见未来，先得整理现实和过去的材料，从对这些材料的研究中找出规则来。

考古学是人类学的一支，而人类学是一门学习、研究、记录“原始文化”的学问。对非文明或文明开化前的人群生活进行观察记录，是人类学的学科使命。为了达成这个使命，一边以考古为工具，把过去人类曾经有过的遗迹发掘出来，另一边则以民族志的方式去研究撒哈拉沙漠的贝都因游牧民族，或者大洋洲的基里维纳群岛文化。

人类学热衷于研究“原住民”（aborigine），源自根深蒂固的规律信念：相信人类的演进有一定的规律，只要是人，就应该按照一样的规则变化，从粗糙、野蛮、简单的，一步步演变为文明、复杂、有礼貌、可以和平相处的。这些变化的过程，有一部分记录在文明历史中，可是毕竟不是一有人就有文明历史。这就留下了如下的关键难题：人是怎么开始有历史的？在有历史之前，人如何变化？

处理和解决这个难题，要依循两条途径。一条途径是研究原住民。他们当时相信，像斐济岛上的居民，或是撒哈拉沙漠的贝都因人，都是“活化石”。人的演进发展只能有一条路，但是不同的人依照其聪明才智，依照其机遇不同，有的人走得快，有的人走得慢。西方人当然认为自己走得最快，回头看，哦，中国人落后了三步，日本人落后了五步，或许西伯利亚人落后了二十步。更后面甚至还有不曾发明文字的人，他们尚未走入历史时期，于是可以借由研究他们的行为、他们的生活，去模拟、理解全人类在历史时期之前的状态。

另一条途径是研究史前人类的遗迹。埋藏在地底下保留下来的物质遗迹，可以部分复原当时的状况。民族志调查与考古学材料加在一起，就有机会完整建构起人类的史前文明史，获得对于人类史前文明的认知与了解。这个是考古学与人类学在 19 世纪关系密切，而且兴盛成熟的重要背景。

考古学背负巨大的浪漫梦想。考古让我们证实过去真实发生过的事，考古让我们看到历史无法记载、没有记载的事，也可以帮我们修正历史曾经有过的记载。然而，伴随着这样的浪漫学科目标、学科精神的，却是极其严谨的科学主义下颇为枯燥无聊的工作。

所以，培养优秀的考古学家比培养任何其他学科优秀的学者更困难，因为考古学的两面要求基本上是彼此矛盾的。缺乏浪漫和想象的能力，不可能成为优秀的考古学家；可是反过来看，具备浪漫热情与充沛想象力的人，谁愿意耐着性子顶着大太阳在凤鼻头“挖死人骨头”？考古工作有其极度枯燥无聊之处，有时甚至必须等待运气降临。

06

# 考古学的考验

因为一直对考古学充满兴趣，到美国念研究生时，我还修习过一门课，叫作“进阶考古学”（Advanced Archeology）。进阶考古学讨论课的第一堂，助教一进门，手里拿着两块石头，用右手的石头猛力去敲左手的石头，左手那块类似页岩的石头被敲开了。助教剥开一片薄薄的石头，突然往自己的手臂上一划，鲜血马上冒出来，滴到了地上。我们都看呆了。

后来我们才知道，考古系的助教几乎每个人都有这等本事，用最戏剧性的方式解释什么叫作石器。一般的石头和石器的差别在哪里？用这种令人难忘的方式，助教示范了最重要的一点：石头是可以拿来用的。简单的石头可以拿来割，拿来切，拿来砸，可以拿来做很多事情。

那么，我们如何分辨石头和石器？一般的石头什么时候会变成石器？从地底下挖出那么多石头来，要如何判别那是石头，还是代表人类史前文化的石器？

想到考古，我们很自然地想到“挖死人骨头”，接着很可能自然地想到彩陶和黑陶，还有许多精美的出土器物。但这仍然是考古学较为浪漫的一面所留下的印象，不是普遍的事实。枯燥、艰难的事实是，在考古田野工作上，甚至连什么是值得被挖出来、值得被保留的都没那么清楚。死人骨头和彩陶、黑陶，至少我们一眼就看得出来那是什么。

考古需要耐心，也需要运气。上万年的人类活动留下了众多的对象，埋在地底下。古往今来的死人骨头，理论上应该有上亿尊吧！但谁知道它们都埋在哪里？那么广大的人类文明分布区域，以今天的条件，我们能够挖得广吗？我们能挖几个地方、哪些地方？你怎么知道在那一点上埋藏着凯达格兰人的遗物，你怎么知道要去那里挖出十三行文化遗址来？

与人类文明分布的范围相比较，考古能挖的面积很小。但和考古发掘能挖出的对象尺寸相比，不幸的是，考古发掘进行的面积却又很大。在一平方米的范围内，我们要找并且能找到的是多大的东西？如果认真看考古报告，或真正去到田野，听过老师的现场叮咛，你会很惊讶，很紧张。一般的考古对象，例如石器、骨器和玉器，其尺寸只有五厘米、十厘米。在一平方米的方格里，拿着铲子一层一层挖下去，你真的有把握自己能找到，能分辨出那五厘米或十厘米的东西？

考古学最大的一个考验是：你能看得出考古物件来吗？越古远的物件，就越难分辨。李光周老师当时让我去参加田野考古工作，我明白了，唯有实际参与田野工作，才懂得具体分辨人为的东西和自然的东西。看一下我随手从丁村文化考古报告[1]中挑出来的图，你有办法一眼看出来这些是石器而不只是石头吗？如果将这些东西拿来摆在桌上，说这是在路边捡来的石头，你应该不会有任何怀疑吧？

图 2-1　丁村文化石器图

[1] 山西省考古研究所编著《丁村旧石器时代遗址群——丁村遗址群1976—1980年发掘报告》，科学出版社，2014年。

07

# 考古怎么考?

小的东西难挖，难辨认。大的东西、大尺寸的遗迹也并非很好挖，很好辨认。

图 2-2 是郑州商城考古图。图上画出来的郑州商城差不多有七百米长，但这么大的一座城是怎么挖出来的?

首先别弄错了，绝对不是先有一张藏宝图，告诉我们地底下埋了一座三千年前的城市。我们不是照着藏宝图往下挖的。开挖之前，谁都不知道底下有没有东西，有什么东西。所以开始的时候，一般是依照古文献判断这里可能是古代的重要居住区，或是在打地基时，偶然挖出了特别的、奇怪的东西，告诉我们这里值得一试。

但也真的就是“一试”。没有藏宝图，不可能事先有完整的发掘计划，要挖哪里、挖多大、挖多远都不知道。考古人员只能按

图 2-2　郑州商城考古图

照现场条件，先开“探坑”，试探性地在这里挖一小块，在那里挖一小块。

郑州商城考古发掘的关键在第三号探坑，挖下去，在那小小的坑里挖到了夯土地基。从探坑发掘可以明确知道一件事：这个夯土地基的范围比探坑的面积大。好，那我们就沿着发现的夯土地基扩大挖，把完整的地基挖出来？想得美！一来，探坑旁边有现代的房子，哪能拆了人家房子让你挖？二来，你有多少人力经费可以一路挖，地基有多大就挖多大？

考虑到现实因素，考古上真正的做法是，判断（其实大部分是猜测）这片夯土地基可能的分布与走向，再开其他的探坑。不同方向开了探坑，哪个探坑在类似地层也发现了夯土地基，就可以在想象的地图上，将这两片地基连起来。另一个探坑中没有夯土地基，那也许我们就在距离第三号探坑和这个探坑较近的地方再开一个探坑。

要开挖很多探坑，找到足够多的证据，才能进行大面积的开挖。即便是大面积开挖，受限于当前的土地运用，必须躲开房屋、道路甚至人家的农田，仍然不可能发掘城墙的完整基址。这里挖一段，那里挖一段，然后想象地将各段连起来，还原整座古墙的位置。

郑州商城应该是商朝中期的王都，规模几乎和清朝时期的台北城差不多大。就算我们认识到，郑州商城是了不起的考古发现，可是，我们今天也不可能把地面的房屋、道路、公园都拆掉，去把郑州商城全部挖出来。我们只能靠探坑所得，半猜测地画还原图。

考古学就是有这一层本质上的限制。许多埋藏考古遗迹的地方，是人类历史上长期的居址。两个因素会让考古资料难以保存。第一,一直到19世纪之前，我们生活中使用的绝大部分东西都会消失殆尽，回到大自然，不留任何痕迹。通常需要有特殊自然条件的配合才会留下痕迹。覆土隔绝了空气，或者在地层温度和压力改变下被石化的东西，才能留下来。反复居住的居址就没有这个条件。这一代人死了，下一代又来，地层上就很难积累东西。

第二，像这种反复居住的居址，如今变成城市，上面有道路，再怎么了不起的人类文明的遗物，都非常难与这个活人正在使用的东西竞争。

考古学有其学科本身的巨大限制。要将几百年乃至几千年来埋藏在地底下的东西发掘出来，除了耗费苦工外，还要忍受挫折，因为你永远不会知道哪里有东西。考古，难就难在人类文明的遗留物到处都可能有，但是实质发掘工作能挖的面积却相对很小。

所以考古学必须依赖丰富的想象力，这是一般人很不容易了解考古学的另外一面。挖东西，把挖出来的东西用最简单的方式记录下来，需要什么想象力？

太需要了，一方面需要想象力去寻找该挖、可以挖的地方，另一方面也需要想象力来将眼前挖到、看到的东西复原。

我们看到的郑州商城，不是真正考古挖出来的模样。考古学家告诉我们，到商朝中期已经有了这样的建筑物。宫殿建筑大概有 30 米～35 米宽。这样一座大宫殿一直埋在土里，三千年后让我们挖了出来？当然不是。实际上从地里挖到的，是宫殿坐落的这片夯土地基。最关键的是，夯土地基上留有大大小小的柱洞。借由柱洞的分布及其大小，考古学家尽可能合理地去推测，在柱洞上立着什么样的柱子，这些柱子承载了什么高度、什么形状的屋顶。

当你发现有两排柱洞并列，就推测有两排柱子并排，接着想象两排柱子应该有不同的高度，来承载屋顶不同的斜度，才会如此安排。考古真正确知的是这些柱洞。

到过考古田野的人都知道，刷子是考古工作中很重要的一个工具，一定要学会用刷子刷的习惯与技术。郑州商城的宫室地基是在 4.5 米的地下挖出来的，一层一层挖下去，挖到差不多地下三楼那么深了，在那里就算你懂得分辨夯土与周围没有夯过的原始土层的差异，又怎么知道哪里有个柱洞呢？要靠经验，察觉可能有洞的地方，非常小心地用铲子将洞中没有夯过、硬度不同的土铲开，再用刷子将柱洞的形状、柱洞的范围刷出来。这个洞浮现了，然后看周围还有什么其他线索，一点一点去刷。这样一个带柱洞的夯土角落，大概就够一个研究生忙一个星期的了。

08

# 科学助推考古

考古得到的材料很有限。不过，幸好考古学有 19 世纪科学主义信念的协助。

科学主义信念相信人类发展依循同样一条道路，对于人类普遍生活的历史发展做了许多假设。例如，人类一开始都是先学会以敲击法，即“打”的方式去制造石器，让石头变工具，变武器。接下来，人类进一步学会用“磨”的步骤来改造石器。从用“打”的发展到用“磨”的，就是旧石器时代和新石器时代的重大区别。新石器时代之“新”，基本上就是由发展出磨制方法来定义的。

旧石器时代到新石器时代的另一项重要发展，是人学会了如何有效、准确地控制火。有了火，能够控制火，然后才会出现考古学上另一项重要的人类文化标志物，那就是陶器。

为什么绝大部分人类文化都会出现陶器？因为人类生活需要水，有了火，偶然的情况下火将土烧热烧硬了，产生的新东西具备不透水的特性，最适合盛水。泥土可以被捏制成不同形状，再经过烧制变得不透水，人就拥有可以盛放水的容器了。

新石器时代进一步发展，磨制石器更好用，人慢慢学会了翻土、播种，人为的农业产生了。人为种植的植物中，最容易生长，收获也最稳定的，是草本的谷物。但谷类作为食物有一个严重的缺点——坚硬，无法生食、即食。这个时候，幸赖有火，有烧硬的土做成的容器，人学会了将谷物加水放入容器中，经过加热将谷物煮软，变为可食的食物。如此人就能从谷类作物上取得稳定而丰富的热量来源，人的生活又大大前进了一步。

这些变化发展，环环相扣，彼此关联。

最早出现的粗糙陶器是用手捏的，接下来，人们稍微聪明一点儿，会有一个称之为绳陶的阶段。制造陶器的关键在于，器皿必须是中空的。刚开始的时候用手捏，非常不容易捏得平均，也就不容易烧制成功。器皿表面温度不均匀，烧的过程中很容易破。后来发明了一种新方式，将陶土揉成长条状，一圈圈、一层层绕出中空的器皿，只要陶土条揉得一样宽，像条绳子一般，这样堆起来的器皿壁面就会比较平均。绳陶明显的好处就是，比起单纯用手捏制的陶器，它的壁面均匀，拿去烧的时候相对而言不会因为壁面不均，热胀冷缩不平衡，而把陶器烧坏。

绳陶是什么时候消失的呢？当人发明了陶轮，懂得将陶土转动，以便捏出壁面均匀、一般厚薄的陶器时。在功能上，轮制的陶器可以烧得很硬、很坚实，盛水烧煮都没问题。也就是说，单纯从功能角度看，轮制陶器够好了，所以几千年后，今天我们制陶烧陶的初步工具仍然是陶轮，和几千年前的人类使用的方式一样，都是在陶轮上捏陶。

虽然功能完善了，但陶器并没有停止变化。下一个变化是，人发展出初步的审美观念，开始在意陶器外表好不好看，于是又出现了白陶和彩绘陶。

白陶的产生，与烧陶的温度有密切关系。必须有高温烧陶的技术，才烧得出那种颜色来。烧陶温度提高，到了不仅可以烧硬泥土，而且可以烧熔金属的地步，于是出现了铜器。铜器分为红铜器和青铜器，差异在于烧制的温度。一般烧制温度较低的红铜，在时间上早于所需烧制温度较高的青铜。青铜的硬度远远高过红铜。

考古学借由不同文化出土的东西，积累出这套规律来。以这套规律为准则，再反过来评判新出土对象的阶段顺序。挖出东西来，先用这套科学规律进行对比，排出一个基本发展阶段顺序来。有一种考古探坑、遗址最让人兴奋，堆积了很多层，每一层都有器物出土。一层层挖下去，像穿越时光隧道一样，逆向显示出不同时期文化的发展。

09

# 考古考什么？

一般来说，重复居住的居址，通常不容易挖。人活得好好的，一代接一代，不会在地底下埋什么东西。房子旧了坏了，就把房子拆掉，废物运走，再在上面盖新的。居住遗址很珍贵，可以告诉我们最多的事情。西安半坡遗址和姜寨遗址，都是挖出两大块村落的居住遗址，很珍贵。但那是稀有遗址，不是一般考古发现的常态。

大多数时候，最有机会挖到东西的地方其实是古人的垃圾堆。像是圆山贝冢，出土了一大堆贝壳，那就是当时的人吃完贝类，将壳集中丢弃的垃圾堆。考古学的进展必须经常依赖前人的垃圾堆。废弃的垃圾比持续使用的东西更有可能被留下来。通常没有人会搬走垃圾堆，以后使用居址的人也不会去动垃圾堆。

最有价值的垃圾堆，是在“工坊”或“作坊”旁边的。台北故宫博物院曾经办过汝窑特展，展览中的一部分展品是台北故宫博物馆收藏的，当然是从清朝皇家一路流传下来的，都是精品。但另外一部分则是从河南汝州市的汝瓷博物馆借来的。小朋友会对这些借展品特别有感觉，特别有兴趣，他们直问：“这些东西怎么都破破的？”

这些破破的瓷器，是考古学家从地底下挖出来的。宫廷收藏的汝窑精品不可能藏在地里让考古学家去挖吧？考古学家能挖的，是汝窑作坊做坏不要，堆到垃圾场去的。这样挖出来的东西，在古董市场上的价格很低，可是在历史研究上的价值很高，让我们可以更普遍地了解当时的工艺技术与工艺标准。

郑州商城挖出过一个最惊人的作坊及其垃圾堆，那就是“人骨作坊”。那是做骨器的地方，只不过使用的材料是大量的人骨。大陆的史学家就是以这个发掘结果证明奴隶制社会的存在，铁证如山，如果不是有大批命如草芥的奴隶，哪来的人骨材料，哪来的人骨作坊？

考古学也高度依赖墓葬，这也不会被后来的人随便乱动。考古人类学系被戏称为“挖死人骨头”，说老实话，考古学家还真的很在意死人骨头。有两个条件使我们必须在意死人骨头。第一，骨头最有可能石化，可以存留很久；第二，墓葬的方式，必定有其意义。像十三行文化遗址中人的墓葬，头都朝向同样的方向，那绝对不是偶然。

中国的新石器时代开始出现众多的“二次葬”，用我们现在的语言就叫“捡骨葬”[1]。如果是一次葬，出土时骨骸是照着人体形状排列的。但若是出土的骨骸集中在一起，就表示应该有二次葬的行为，也就是在下葬后经过一定时间，再将坟墓挖开，把皮肤肌肉彻底腐化后的骨头重新换个方式、换个地点再埋葬一次。为什么要这样麻烦地进行二次葬？这显然是牵涉人们对死亡、死后世界的想象与解释。

就算只有一次葬，也可以看出一些复杂的意义。死人自己不会动，墓葬的姿势、位置、方向一定是活人帮他处置的。人死了，身体自然僵直，最简单和直接的方法应该就是那样葬下去。但是在考古发掘的墓葬中，却常常发现侧身葬、屈身葬，甚至还有直身葬。为何如此大费周章？我们只能告诉自己：这些负责下葬的活人，一定有他们特别的想法。

从中国新石器时代的考古遗迹看，一般来说，屈身葬的墓葬当中发现陪葬品的概率远高于直身葬。通常对特殊的人，会在他死时多做些努力，用比较复杂的下葬方式标示他的特殊性。表达特殊性的另一种手段是陪葬品。墓葬很重要，因为我们可以凭借下葬的情况去推演其社会及文化意义。为什么选择这些东西陪葬？为什么放在这里？例如在屈身葬中，陪葬品经常放在头部两侧及膝盖边，肚腹位置放陪葬品的就不多了，为什么如此？思考、解答这

[1] 捡骨葬，又称拾骨葬，俗称“捡骨”。它是一种二次葬的葬礼活动，流行于闽南人、客家族群、中国南方、琉球、东南亚部分地区。最早的记载见《墨子·节葬》，称“楚之南有啖人国者，其亲戚死，朽其肉而弃之，然后埋其骨”。

种问题，极有意思。

考古一般能挖到的是垃圾堆和墓葬，因此我们应该明白：考古发掘出土的资料有高度偏差，是有偏见的，绝对不可能构成全面的知识。考古学很大一部分靠概率，靠运气。

秦始皇陵兵马俑很有名，那是公元前220年左右的东西。查《史记会注考证》，其中就搜罗了历来关于秦始皇陵地点的种种考证。[1]换句话说，两千多年来，陵寝的地点不是秘密，也没有真正失传。历代许多其他的皇帝陵，几乎都被盗挖了，很多人知其地点的秦始皇陵，居然没有盗掘或出土记录。20世纪60年代，陕西农民挖到兵马俑，开始时还没有人认为那会是秦始皇陵里的东西。因为第一，初步发现的地方，离旧记载骊山秦始皇陵的中心有几公里远，谁想象得到秦始皇陵的范围会延伸那么远。第二，挖出来的东西没有人看过，没有人记录过，两千多年前的东西可能保留得好好的、从来没被挖出来过吗？

但考古就是这么一回事。秦始皇陵竟被神奇地完整保留了下来，供后人发掘。到现在已经开挖，挖出大批兵马俑的这块区域，占整个秦始皇陵不到一半的面积，还有一半仍然埋在地底下。现在不能挖，不敢挖，因为人们没有把握挖了之后，与空气接触的快速氧化作用会不会摧毁里面的东西。必须要确知如何处理氧化问题才能开挖，谁也不知道什么时候会全部发掘，更没有人知道最终

[1] 《史记会注考证》，日本汉学家泷川资言（1865—1946）编撰，水泽利忠校补，1934年刊行于世。中文版有上海古籍出版社1986年4月版。

会挖出什么东西来。

考古学就是这么一回事。它极其神奇，带着很大的运气成分。而且不管怎么努力，甚至运气也够好，考古能发掘出来的东西，毕竟还是像一幅总共由 3600 片拼图碎片构成的大拼图，却只是东一个，西一个，给了 360 片，要我们去解答：这拼图上到底画了什么？

这 360 片拼图碎片，每一片都花很大力气，还要靠运气才能弄到，然而它们只是巨大的 3600 片拼图碎片的十分之一。此外的十分之九必须依靠想象与解释，单靠考古材料不可能还原那个大拼图。所以，想发挥考古的最大作用，要靠想象力，也要靠文字及其他史料的相互对比。

10

# 考古与文字记录的关系

运用文字记录的史料时，一定要记得，并不是写下来的就是事实，就是可以依赖的史料。我们必须留心文字是在什么时候、什么情况下写下来的。不同时候、不同情况会产生不同的偏见。没有不带偏见的文字记录。

只有极少数历史资料是在历史事件发生时记录的，绝大部分文字资料都经过长久的编撰和修改过程。太史公司马迁写《史记·殷本纪》时，距离商朝结束已有将近一千年。我们真的可以如此简单地接受、相信他对一千年前的事情的了解吗？如果现在有一个人写了一篇文章，是一千三百年前，公元8世纪时的台湾历史，写得言之凿凿，你会相信那都是事实吗？

文字记载的历史还有经典化的过程。我们今天已经不会知道，与司马迁同时期的其他人对于商朝历史的说法。我们甚至无法确定是否存在不同的说法。像《旧唐书》《新唐书》并存了两个正史版本，那是很少的。可是在律定到剩下两个版本之前，说不定原来有五个版本啊！后来的人在各种不同的说法中，选择保留其中一个或几个，代表性的经典形成了，同时也就意味着，许多其他版本被抛弃、被遗忘了。不能过度相信文字史料的理由就在这里。文字史料经过各式各样、各个不同时代的编辑和修改，编辑者、修改者都有各自的用意。像中国历史文献，越到后来问题越严重，追求同构性（homogeneous，又译为“同质性”“同类”）的力量越来越大，异质性的、不一样的东西，就很容易被淘汰。

考古资料的一大好处，正在于并不是，也不可能是系统性出土的，所以相对而言不容易被私心控制改造。谁也没办法预见和规定哪些资料会被保留，哪些资料会被挖出来。也就是说，考古的偏差与文字的偏差不一样，被文字史料偏见抹杀的，不会因此在考古上挖不到，挖不出来。只要考古遗迹中挖出了原来文字记录上没有的材料，就提醒我们，这方面的文字记录是有问题的。

不过反过来看，也有另一层提醒，那就是在考古上没有出土证据的，不见得就不存在。常见有人质疑文字记载：如果真有此事，为什么考古资料中看不到？这在逻辑上是不通的。考古资料有，而文字资料没有，我们可以证明文字资料是错的；但是文字资料有，考古资料没有，却不见得文字就是错的。

假使没有文字记载，没有文字记载所衍生的学问——比如古代地理学或古代地理考，我们就无从知道商朝的都城可能会在哪里。缺乏这些基础知识，考古就真的成了大海捞针。通过文字记载的对比，古代地理学约略指出了嚣城[1]可能在哪里，我们才在那附近挖探坑，试探地底或许存留了什么。这是文字帮助考古的另外一个重要角度。这两种史料必须不断地彼此配合与对照。

我们今天重读中国历史，一个原因就在于几十年来大陆出土了大批考古遗址，改变了过去人们对于中国历史的传统理解。大陆的考古有一定的基础，然而1949年后，先是对苏联老大哥一边倒，接着又有“破四旧、立四新”的“文化大革命”，严重破坏了古文献学的根底，许多古文献学的大师后来都没有机会好好做研究。这是一件可惜的事。可以说，在考古与文献的对比结合上，还有很大的空间值得后来的人努力。

一位熟稔古文献，聪明而且细心的史学家，能在文字史料里面发掘出许多信息。早在1955年，钱穆（字宾四）先生写过一篇文章，叫作《中国古代山居考》[2]。钱穆先生搜罗了古书记载，通过一字一字的考索，对比文字及其指涉的原则，做了大胆的推论，认为中国文明的起源不是在过去想象的河流边。当我们说中国文明起源于黄河边，这个河边是什么样的“边”法？

在《中国古代山居考》中，钱穆先生从后来的文字回推，看出中国古代的居住环境，以穴居为主。而且选择用来居住的洞穴，

[1] 嚣，亦作隞或敖，今河南郑州商城。

[2] 钱穆，《中国古代山居考》，台北：东大图书股份有限公司，1976年。三联书店2009年出版的《中国学术思想史论丛（一）》收录了这篇文章。

距离水边不会太近，当然也不能太远。1955 年的这篇论文，完全从文献学的角度出发，重新阅读过去的古文字与古文字学资料，做出诠释。没过多久，20 世纪 60 年代后期发掘出来的新石器时代遗址，部分证明了钱穆先生的主张是正确的。典型的新石器仰韶文化遗址最普遍的居址是离水没有很远，高起来的地方，只是他们的“穴”并不是像山西窑洞那样从壁面凿洞进去，而是往地下挖半人高左右的深度，是一半在地下，一半在地上的“半穴居”。

如果大陆的考古学家更早读到钱穆先生的论文，或许对于如何发掘新石器时代的居住遗址就会有不一样的假设。考古挖出了大量资料，让我们知道古代文字记录应该如何解释；而文字记录上的内容可以修正我们对于考古资料可能产生的误判和误解。

11

# 中国历史要从新石器时代讲起

我们讲中国历史起源，还是从新石器时代讲起比较合适。目前发掘所得的旧石器时代的遗物、遗址，从约一百七十万年前的元谋人开始，到北京人和蓝田人等，一路下来到山顶洞人。这些旧石器时代的考古遗迹零星出现，只能让我们知道，这个地方曾经有这样的人存在过，却无法进一步去了解他们是谁，他们做了什么，因而对于说明中国文明发展恐怕不会有太大的帮助。

新石器时代就不一样了。大陆已经发掘的新石器时代文化遗址，数量超过一千个，有很多不同区域、不同时间的材料可供比较研究。更重要的，新石器时代文化除了中国的资料之外，还有庞大的世界性分布，可以拿来参考对比。

经过长年以来全世界考古学者的努力，对于新石器时代文化，我们知道得很多。比如，借由两河流域的新石器考古发现，我们了解古代人类拥有磨制石器的能力时，其制陶技术也会有相应的巨幅发展。比较精细的陶器出现，又几乎都和定居农业生产密切关联。再者，一旦有了农业，社会组织就跟着改变，不可能用一家一户的分散方式，或者用狩猎分工的方式来从事农业，于是较大型的社会组织也就跟着出现了。往往较大型的社会组织扩展到一定的程度，就有了创造和使用文字的强烈动机。

这几件事在两河流域及其他多个地区都是连带发展的。我们将之称为“新石器时代革命”。新石器时代革命最常见的现象就是日益增长的庞大社会组织。这些较为庞大的社会组织有不同形式，例如在两河流域的苏美尔文化以城邦的形式出现，在埃及则是以集中神权的形式出现。不论什么样的形式，其共通点是较为复杂的组织：会有农业耕种，会有农业技术的演进，会有随着农业生产而来的新的分配方法，会有初步的文字，会有依赖文字工具的初步统治形式出现。

这些现象在很多地方都和新石器工具一并发展，那就相对容易了。在中国挖到一个新石器时代遗址，例如挖到仰韶村，挖到仰韶文化，或挖到龙山文化等，参考别的文化的例子，我们就可以开始进行一些问题的假设。

真正发掘出来的可能只有陶器，然而观察陶器发展的状况，借由比较研究可以推测：什么样的人会做出有如此复杂纹饰的陶器？这些人会以什么样的方式组合起来共同生活？他们用什么样的方式去堆造能烧出这一种陶器的窑？他们又用什么样方式上釉，如何维持釉色在高温中的表现？刚开始找到的是这些对象，然后顺着对象提示的问题，就要去找社会组织的证据。正因为有这样的问题意识作为支撑，后来考古学家才会挖出西安半坡遗址。

西安半坡遗址最早挖到的是东北角的一个居住遗址，大概是六间居所。当时如果没有这样的问题意识，没有社会组织的概念，这个遗址的发掘很可能就止步于此。因为有社会组织上的关怀，想要弄明白这六间房子究竟是在什么样的组织安排下产生的，所以扩大发掘，最后挖出了一个将近五万平方米的大聚落。在这个聚落中，房子不同，其面向及房子间的分布距离都各有不同。

这就是为什么要从新石器时代、新石器文化谈起，因为新石器时代才有“文化”的内容可谈。

12

# “满天星斗”的新石器时代文化

什么是中国的新石器时代？这其实是个时代错乱的说法。因为新石器时代还没有“中国”存在，经历后来的历史发展，这一整块地方才变成一个亲和、彼此关联的巨大系统，也才有政治与文化意义上的中国。严格地说，新石器时代早于中国的出现与确立。

我们要明了中国如何诞生，如何出现，所以我们将研究和整理的范围定在后来产生中国文化的区域。我们该小心的是，不要倒果为因，以为新石器时代就有这么一块中国存在。比较适当的态度应该是，我们去调查，看在新石器文化的这个时间断面上，这片后来成为中国的区域里，有什么样的人类活动在进行，并从中归纳这些人类活动的特征。

新石器时代这个名词有两个大部分重叠却不完全一样的意义。

第一，它指的是这些考古遗址显示那些人所使用的主要工具是磨制石器。我们挖到这样的石器，将之归入新石器的类别里，与旧石器时代的打制石器相区别。第二，它指的是一段时间跨度。中国考古学家一般倾向于将中国新石器时代从约八千年前的裴李岗文化算起，大致延续到两千五百年到三千年前左右（不同地区的结束时间不同）。可是我们要小心，因为有些挖出大量磨制石器的文化，不一定刚好在这段时间里。

中国台湾所属的南方新石器文化，例如凤鼻头和大坌坑，或是中国北方草原地区新石器文化，远远晚于中国核心区域的新石器时代。别人已经结束新石器时代的时候，这里的人还继续使用石器，或刚开始使用石器。它们并非同步发展。

这和后面的历史分期概念不一样。当我们说“清朝”时，清朝作为一个断代概念，我们很明确地知道，就是从1636年到1912年。可是当裴李岗文化在约八千年前进入新石器时代，同一时期，长江下游却还没有发现任何新石器的踪迹。而在台湾，一直到约一千五百年前，还有新石器时代的遗迹，所以台湾的新石器时代比较晚。这是不一样的时代和断代概念。

讲到夏、商、周，最重要的是必须扭转从前的概念，尤其是以朝代概念来理解的夏、商、周。在朝代概念下，夏、商、周是“三代”，是前后接续的三个朝代。然而，依照目前的考古证据，对照文字资料来看，夏、商、周不只是三个朝代，而比较接近于三个不同地域的三个民族，三种不同文化。在很长一段时间内，夏、商、周其实是并存的，不是这个朝代结束，然后那个朝代开始。

中国新石器时代遗址的重要特色之一是分布非常广泛，而且其中有许多划分清楚的不同形态、不同系统。过去习惯的讲法，是仰韶文化早于龙山文化。这个讲法不能说有错，因为在庙底沟的考古遗迹[1]中，明确出现了仰韶文化在下，龙山文化压在它上面的分层。在同一个区域有仰韶文化，有龙山文化，二者是时间先后的关系。但是，不是所有地方都和庙底沟一样。

仰韶文化与龙山文化除了有时间先后的差别，还有地域的差别。龙山文化的发展比较靠东边，仰韶文化则是以河南为核心。除此之外，青莲岗文化、大汶口文化，以及由河姆渡文化发展而成的良渚文化与屈家岭文化，各有其分布地域。为什么称它们为不同的文化？因为它们虽然大致在同一个时期发生，而且技术程度差不多，然而各个不同的区域表现出强烈的地方特色。

除了仰韶文化和龙山文化之外，其他各个文化，到现在为止，考古学家还没有办法建构它们之间互动影响变化的明确模式。也就是说，至少依照现在的资料看来，不同区域的这些文化很可能是各自独立发展，而不是如过去所想象、所主张的：仰韶文化是最早的中心，然后东传到龙山文化区，西传到甘肃的马家窑，南传到了河姆渡和良渚。这几个文化看来比较像是在同一个时期独立发展的。早于仰韶文化的红山文化更是独立出现的。这就是苏秉琦先生所提的“满天星斗说”，中国新石器时代文化不是从一个中心逐渐散布

---

[1] 庙底沟的考古遗迹位于今河南省三门峡市湖滨区原陕州老城南关附近，年代测定为公元前 3900 年—公元前 2780 年。

到外围其他地方，而是在一个时期中，许多不同地方满天星斗般各自发展进入了新石器时代，然后产生了彼此之间缓慢却复杂的互动交流。[1]

---

[1] 苏秉琦，《中国文明起源新探》，生活·读书·新知三联书店，2000年。苏秉琦先生认为我国数以千计的新石器遗址可以分为六大板块：一是以仰韶文化为代表的中原文化，也就是传统意义上的黄河文化中心；二是以泰山地区大汶口文化为代表的山东、苏北、豫东地区的文化，其突出特点是不同于仰韶文化红陶的黑陶文化；三是湖北及其相邻地区，其代表是巴蜀文化和楚文化；四是长江下游地区，最具代表性的是浙江余姚的河姆渡文化；五是西南地区，从江西的鄱阳湖到广东的珠江三角洲；六是从陇东到河套再到辽西的长城以北地区，最具代表性的是内蒙古赤峰的红山文化和甘肃的大河湾文化。

13

# 陶器

## ——理解中国文化开端的关键

中国新石器时代考古的一项很明显的特色，是出土的文物中有远比世界上其他同期新石器时代文化更多的陶器。不只是数量多，最重要的是形制多，各式各样。有鼎，有壶，有豆，有罐，有高柄杯，有盘，有钟，有釜，有双耳杯，有盆，有瓮，非常多，这在其他地区的新石器文化里很少见。

为什么他们要做这么多不一样的东西？物品当然有其功能上的考虑，但多样性多到一定程度，就很难纯粹从功能角度解释。而且，如果以古文献来对照，我们就发现：中国古代文字里，与器皿有关系的字，多得吓人。那就表示器皿一定有文化上的意义。故宫的青铜器，每件器皿的名称中都有很多字是你不认得的。不同形制的器皿都有一个古代留下来的称呼。为什么必须如此精确地

图 2-3　马家窑文化彩陶

去命名呢？

我有一位老朋友，他的女儿小时候对马产生了浓厚的兴趣，得到了特殊机会接触马，还学习了马术，后来升高中时甚至还靠马术加分。因为对马有兴趣，这个小女孩就好奇去查了字典上以“马”为部首的字。一查不得了，第一点是发现这个部首下面收了好多好多字。如果查的不是现代汉语字典，而是《康熙字典》的话，那数量会更加惊人。第二点是这个部首里的字，绝大部分我们都不认识了，现在都不用了。以部首为单位比较的话，我们对于马字旁的字，识字率恐怕是最低的。

我的这位老朋友，就是唐诺。在他的重要作品《文字的故事》中，他特别介绍、解说了众多陌生的马字旁的字。中国人曾经必定和马非常亲近，马在中国人曾经的生活中必定扮演过极其重要的角色，所以人们才会仔细观察马，给马分类，详细描述马的形状、种类、动作、行为和情形，才会发明并使用那么多与马有关的字。这些字，从发明到使用到被忽略、遗忘，记录了一段历史，存留了一段文明的经验与记忆。

同样，中国古代有那么多和容器相关的字，今天大部分已不再使用，表明器皿在那个时代的人的生活中，有比我们今天更密切、更重大的意义。这些古字显然源自新石器时代陶器的形制。大约从新石器时代开始，这个文化就有一些成分在萌芽、发展和跃动。

一是众多的陶器形制，一是甲骨文和金文，直到后来的大篆和小篆里留下来的大量与烹饪有关的字。这是我们理解中国文化开端的关键。

第三讲

# 新石器时代遗址与中国国家起源

01

# 国家从哪里来?

20 世纪中国历史研究遇到了一个很大的挑战：流传下来的关于中国历史的种种记载与说法，与我们看到的其他文明的状况有相当大的差距。

其中一个差距是中国的传统文献，无法有效且有说服力地解释这个文明及其国家组织到底是怎么来的。小屯殷墟发掘结果显示，商朝的国家组织已经很发达。

这从青铜器就可见一斑：重建夏、商、周的活动区域，标出发掘出土青铜器的几个考古遗址，再考察制造青铜器的三种原料——铜、锡和产生高热的燃料，就会发现原料产地和成品出土处之间有颇远的距离。换句话说，必须有足够的人力组织，不只是去挖掘和开采，还要将相当庞大沉重的原料运过来，然后将作坊建起来，并控制精巧复杂的塑造冶炼程序，才能制造出存留至今的青铜器。在商朝（至少在出现青铜器之前），集体组织显然已经发展到一定的程度。

这种组织是怎么来的？中国有一套传统的说法，但这套说法在现今看来没有说服力。传统说法没有解释组织发展的过程，是如何从粗糙、原始慢慢变得精巧、复杂，也没有告诉我们，究竟是怎样的需求，让这么多人出于自愿或被迫组成一个国家。

传统的说法是，因为有圣王，有天资英明的黄帝，他一个人就管理了整个国家。我们很难再接受这样的说法。正因为中国的传统没有一个到现在还能有说服力的说法，所以我们会从比较文明的角度，参考其他文明的例证来寻找答案。和商朝的时间约略相当又能相比的，一是美索不达米亚，一是埃及。这是两个重要的古老文明发源地。

然而，拿美索不达米亚平原的发展和中国相比，我们会马上察觉到不对劲儿的地方。

美索不达米亚平原较大型的社会组织，以城邦和城市的形式出现。因为彼此之间的征战，为了防卫而形成城市。可是在城市将人保护好了之后，就发展出别的需求，就是城市与城市之间交易的需求。美索不达米亚平原出现最早的文字被称为楔形文字，楔形文字的根源是计数。[1]

---

[1] 根据拱玉书等人的《苏美尔、埃及及中国古文字比较研究》和《西亚考古史》等著作，关于两河流域楔形文字的起源，有一种理论是数字说，即认为楔形文字起源于计数。当然，关于楔形文字的起源，还存在多种其他起源理论。

由底格里斯河和幼发拉底河共同冲刷出来的这片平原，又称两河流域。其文明遗物中，很常见、很重要的一项，就是泥印。在西方的大博物馆中都看得到这样的文物，小小的圆柱状，由泥制作而成，上面刻上花纹或图案，然后晒干或烧硬，让上面的刻文固定。什么时候会用到这种泥印？当人们彼此交易，要确认彼此同意的条件时，取过一块泥版，将交易内容用楔形文字写在上面，然后再封版，封版上用泥章滚过去，章上的图案印在上面，这样就没有人能擅自偷偷改动文字记录了，也就保障了泥版文件的信用。

美索不达米亚平原文明的发展与商业行为、数字和契约有很密切的关系。中国没有这样发达的商业行为和商业需求，拿美索不达米亚平原的文明起源来解释中国，行不通。

02

# 关于国家起源的“治水社会说”

那么，中国会不会比较像埃及？埃及文明最显著的是金字塔等大型工程。兴建这样的大型工程，使得集体组织大幅发展，而大型工程的震慑作用，又反过来强化了集体组织中上层统治者的权力，让他们得以更容易、更有效地动员更多人力，兴建更多、更大、更震慑人心的大工程。

比较文明，尤其文明起源的比较论上，曾经一度流行卡尔·奥古斯特·魏特夫[1]提出的“治水社会说”。他认为中国的文明及国家起源，应该和灌溉密切相关。为了进行大型的灌溉工程，人们

[1] 卡尔·奥古斯特·魏特夫（Karl August Wittfogel，1896—1990），又译为魏复光、魏复古。美国人，原籍为德国，代表作有《东方专制主义》。

愿意让渡部分权力，因为灌溉直接影响农作生产，有具体、现实的动机，而且灌溉水利工程没办法零星地做，必须靠集体的努力。魏特夫很敏锐地看出，约公元1000年之后，中国拥有全世界最庞大、最惊人的灌溉系统。中国农业和水利灌溉工程关系密切，中国的农作物几乎都仰赖灌溉。魏特夫将这个现象向前推，再对照埃及的例子，既然埃及整个国家组织环绕着兴建金字塔而形成，那么中国的国家组织很有可能就是环绕着大型、集体水利工程产生的。这就是他的“治水社会说”，也一度吸引、说服了不少人，认为可以从这个角度去探测中国到底是怎么来的。

然而，这里面有些问题，仔细探讨后，使得“治水社会说”在表面上的说服力丧失了。1955年，钱穆先生就特别针对“治水社会说”写了一篇重要的文章，叫作《中国古代北方农作物考》（收录在《中国学术思想史论丛（一）》中），但这篇论文完全没提魏特夫，也没有一个字讲到“治水社会说”。

钱穆先生将中国古史材料中与农作物有关系的记载做了一次完整且全面的检验，得出了一些基本结论。钱穆先生在整理后，发现中国古代最重要的农作物，依次是稷、黍、稻、粱。稷是高粱的前身，黍是玉米的前身，稻是旱稻，粱是小米。后来何炳棣先生在《黄土与中国农业的起源》一书中，也做过更详细、更准确的检验。他掌握了孢子分析的技术，可以分析从古老的地层里挖出来的各种孢子化石，借以研究出古代植物的物种分布。何炳棣先生的结论基本上与钱穆先生在1955年得出的结论是一致的。

考察了中国古代的主要农作物之后，钱穆先生得出两个重要结论。第一，中国古代的农作物与灌溉无关，而是以钱穆先生称之为“山耕”的形式进行的。稷、黍、稻、粱都是在相对干旱的地方生长的作物。第二，他认为，文献里明确表现出这四样东西的珍贵程度。稻和粱都是非常珍贵的东西，到了战国时代，都还说人追求富贵是“为稻粱谋”，显示了稻和粱的价值。[1]这个顺序也反映了食物与水之间的关系：越不需要水的食物越粗，越缺乏价值。如果水利灌溉工程很早就很发达的话，还会这样排序吗？如果说需要用比较多水的稻和粱，被认为是比较好吃的，那么在灌溉工程发达的情况下，大家应该都去生产稻和粱了，为何还种黍和稷呢？

钱穆先生的这篇文章引出了他对中国经济史的一个突破性看法。钱穆经常被说成是保守派的文化民族主义史学家，然而实际上在面对历史和中国古书时，他一点儿都不保守，绝不死守传统说法。早在20世纪30年代写《先秦诸子系年》时，他就对《左传》里的“开阡陌”有了与传统相反的解读。

“阡陌”指的是路，即横的路和直的路，那么“开阡陌”[2]是什么意思？应该就是开出路来，在田里开出田埂来。传统上都是这样解释的：原来的一大块田没有田埂，阡、陌分界，到了春秋晚

[1] 汉·韩婴《韩诗外传》卷二：“田饶事鲁哀公而不见察。……田饶谓哀公曰：‘……夫鸿鹄一举千里，止君园池，食君鱼鳖，啄君菽粟，无此五者，君犹贵之，以其所从来远也。臣请鸿鹄举矣。’”

[2] 根据《史记·秦本纪》记载：“（商鞅）为田开阡陌封疆，而赋税平。”《战国策》也记录了商鞅“决裂阡陌，教民耕战”的事情。

期，由“公田”变成“私田”，“普天之下，莫非王土”的封建信念动摇了，因而人们在田里开出田埂来作为分界。

但是钱穆对“开”字进行了古文字学的细密考证，再加上对封建制的全面理解，主张“开阡陌”是真意，和传统的理解刚好相反，应该是除掉阡陌，把阡陌，即田间分隔的地界、道路铲平。用这个方式来理解“开阡陌”，突然之间，中国经济史上很多东西都通了。春秋战国时期最重要的历史发展就是封建制与井田制的崩坏。原本依照封建制，土地是明确分成一块一块，地界清楚隔开的，然而到了春秋战国之交，地界区隔“阡陌”开始被取消了。为什么要取消，一则因为失去了原本封建地界分隔的需要，二则更重要的是为了灌溉。

钱穆先生写《中国古代农作物考》就是为了将这个古代农业经济过程讲得更明白——中国的大型灌溉工程是春秋末期到战国初期才开始的，而大型灌溉工程的兴起，是以封建制与井田制的崩坏为前提的，从此中国农业经济进入一个完全不同的发展阶段。

这就推翻了“治水社会说”的根本基础。中国不可能是因为灌溉水利而组成国家，建立大型统治组织的，在春秋末期、战国初期之前的几百年，中国的国家组织就已经建立并积极运作了，留下了许多不可否认的证据。显然，套用埃及依赖大型工程建立国家组织的模式来解释中国古史，也行不通。

03

# 新石器时代的居所和食物

写完《中国古代北方农作物考》之后，钱穆先生又在 1956 年发表了《中国古代山居考》，强化“山耕”的主张。这篇长论文主要考证的是古文献中的“穴”，以及和“穴”相关的字。古文字里大部分与居住有关系的字都源自“穴”字，是相关而且同样的来源。钱先生明确主张，从古文字学回溯，中国古代人的居住形式是穴居和山居。在不太高且离水源近的地方，挖洞穴而居，是留在文字记忆中的古代居住环境。因而早期农作，也就是以这种环境能够生产的作物为主，这类作物也就不可能需要大量的灌溉。

钱穆先生是完全从古文字学的考证得到这样的结论。他当时无法用到考古学上的发掘证据。几十年来新石器时代的考古发现，基本上和钱穆先生的推论一致，但也在一些重要的地方有所补充与修正。

从目前发掘的考古证据来看，在约九千年前，几个地方已经有人居住的痕迹。到了约七千年前，陆续形成了几个重要的中心。从遗址出土的文物与建筑形式上看，这几个中心的文化差异很明显。比较明确的几个文化圈，一个是仰韶文化圈，另一个是大汶口文化圈，它开始的时间和仰韶文化圈差不多。大汶口文化就是后来龙山文化的基础。在南边，有大溪文化圈和马家浜文化圈。此外，不那么明确的，在东北边有红山文化圈，在东南边有大坌坑文化圈。

依照目前的考古资料，考古学家相信，这几个不同的文化中心，在差不多同一时期发展出各自的特色文化。到五六千年前，彼此之间开始有了交流。它们的交流以极其缓慢的速度进行，我们今天开高速公路一小时能到的距离，当时的人基于不同的偶然动机，通过不同的移动方式，可能要花二十年乃至五十年才能走完。

仰韶文化圈后来发展为最早的一个文明中心，这里应该也是文字首先出现的地方。刚开始的时候有这么多个不同的文化圈，不过后来拥有文字的文明就取得了优势，尤其是在历史记忆与传承上的优势，所以用文字来述说古代历史时，中国文明的起源很自然就偏向以黄土区域为核心的了，其他没有发明或习用文字的区域，相对被遗忘了，一直到几千年后的考古发掘，我们才重新意识到它们的存在。

钱穆先生的《中国古代北方农作物考》考证出了四种重要作物，依次是：稷、黍、稻、粱。通过考古资料，我们现在可以进一步理解，四种作物的排序其实反映了一种“北方中心”的立场。从考古上，我们看到，马家浜文化、河姆渡文化这些南方的新石器遗址出土了旱稻种植的明确证据，旱稻在南方发展很早也很普遍，但对北方仰韶文化圈的人来说，旱稻是外来的，所以比较珍贵难得。如此我们就明白了，中国“北麦南稻”的倾向，大概早在五六千年前就已经形成。

对于钱穆先生所说的“古代山居”，考古资料对此也有重要的补充。在关中仰韶文化区，居址多半离河很近，而且比河高一些，一方面为了取水方便，一方面应该是出于安全上的考虑。西安半坡等新石器遗址，都是在临河较高的地方发现的，而且这河不是大河，也不是黄河。仰韶文化在黄河流域出现，但不见得与黄河本身有关。过去会认为中国文化起源于黄河，一部分还是认定早期农业需要灌溉，理所当然地认定在黄河边，能借黄河水灌溉，是中国农业起源的必要条件。

不过，除了仰韶文化区的居住选择之外，还有长江流域湖熟地区的台形遗址。[1]这个区域雨量比较丰沛，取水方便，这里的人就稍稍远离水边，在高起来的台地上居住。这里与北方最大的差异在于，这里不会有山居，也比较早就有地上建筑物，并不依赖穴居。

---

[1] 在长江下游地区，由于地势低下，水网纵横，人们常选择一些较高的土墩为居住地。由于长期居住在土墩上形成了较厚的文化堆积，这种遗址被称为台形遗址。台形遗址是研究江南地区新石器时代至青铜时代的重要文化遗存。

04

# 新石器时代房舍遗址

中国新石器时代考古学发展上，很幸运地挖到了一些居住遗址。磁山裴李岗文化是比较早、比较简单的文化。这个居住遗址最重要的发现是红烧土[1]。有一块地方土质特别硬，证明当时已经有固定用火的地方，因为长年在那个地方用火，就把底下的地面烧硬了。

日照东海峪的房址，面积就更大了。有清楚的柱洞，围绕着

[1] 红烧土为考古学中与建筑有关的历史遗存，通常用来判定房屋存在的可能性。史前时代的人们通常将草木和泥土掺和起来建造房屋，再用火烘烤墙体和屋顶，以使其结实坚固，泥土经过长时间烘烤后变成红色。此外，炊煮的灶炕、失火后的房屋和燎祭后的场所都会留下相关堆积。

图 3-1　磁山裴李岗石器图

图 3-2　日照东海峪遗址

一个灶址，就是烧灶固定用火的地方，旁边还遗留有陶罐。这里出土了好几个房舍遗址。

最具有历史说服力的是西安半坡的居住遗址。这里出土的每一个房舍遗址都有柱洞，柱洞的作用当然是立柱子支撑屋顶。另外房舍内地面都是下凹的，所以他们进屋是往下走的。半坡遗址F1大房子是整个遗址中最大的一座房子，有四个大柱洞，旁边还有小柱洞。经过重建，他们大致的居住样态不是钱穆先生所说的那种山洞穴居，而是半地下居。半地下居远比穴居少受自然条件限制。这种穴居的形式使得当时的人必须选择比较高的地方挖房子和盖房子。在太低的地方，尤其是比较潮湿的地区，一挖下去，

图 3-3　半坡陶器

泥水就冒上来。要有一定的高度，才能完成这样的房舍建筑。

这里我们碰触到了考古最迷人的地方，如何运用推论与想象，扩充对于眼前考古事实的理解。通过从西安半坡挖出并重建的这种房舍样貌，我们能进一步对当时那个时代的生活有什么样的理解或猜测？

通过这样的房舍遗址，我们可以知道，当时的农业已经有了发展。在发展农业之前，人类最重要的食物来源不外乎渔猎与采集。不论是渔猎或采集，都需要很广大的领域才能养活一个人，更别说养活一家人了。采集文化能采集到的营养最丰富的食物是核桃一类的坚果，而核桃树的生长有一定的条件，今天把这片地方的核桃采完了，不可能明天又长出新的核桃来，所以若想让每一个人都活着，必须有相当大的空间。于是，渔猎与采集的生活无法发展出定居的文化，也不太可能花那么大的功夫去盖这样的房子。可以想见，在有限的工具条件下，要挖一个半穴居，砍木头，立柱子，做屋顶，多么不容易。没有道理花那么大力气，却使得自己来往于渔猎和采集地区更加受限、更加遥远。

为什么农业可以支撑这种生活？农业就是谷物生产的重大突破，人从原来靠采集所得到的营养，转变成为主要以谷类作为热量的来源。谷类最关键的特色是一年生，也就是说，在同一块土地上今年种了，明年和后年还可以继续种。

人类要发展农业文化，要依赖谷类为主要食物，这中间又有一个必要的前提条件。在没有充分掌握火的作用之前，大部分谷类作物都不可食。靠用火将谷物加水煮软蒸熟，人才有办法食用谷物过活。从这里我们可以进一步推论：有农业，必定要住在水边，还必定要有火，所以必定要有某种形式的灶。

有火有水，但若是缺了可以装水受热的容器，农业生活还是不能成立。在人类文明起源中，这是一项可能花了几千年的时间才出现的艰难突破，那就是陶器的发明。目前全世界的考古遗址中，最早的陶器痕迹大约出现在一万年前。花了非常久的时间，才在全世界多个文明的起源地陆续出现陶器。有了陶器，农业的条件才算真正成熟。

05

# 新石器时代村落遗址与陶器

姜寨遗址的年代约为六千五百年前。这是一整个居住村落，全部发掘出土，所以不仅可以了解个别居住形式，还能告诉我们那个时代的社会组织和社会生活原型。

村落里有不少房子，房子有大有小，坐落于不同的方向。房屋群的外围有一道壕沟，这是为了防止野兽侵袭的。壕沟可以防大部分动物，却防不了一种特别的动物——人，要防人就得筑城墙。所以如果发现城墙取代壕沟，围在村落外，通常也就表示住民防范的主要威胁从野兽转变为其他的人类。

新石器时代的工具相当有限。当时的工具以石器为主，要用原始的石器工具造出像姜寨那样供人们长期定居的村落，必然要花很长的时间。姜寨的集体村落之所以存在，多户人家要住在一起，

图 3-4　姜寨遗址复原图

可能是因为要挖壕沟。用那么原始的工具，个别人家绝对无法独自去挖防卫壕沟，只有聚拢起来才可以让大家都免于野兽的袭击。

另外，在许多村落型的居住遗址都发现了可能比壕沟更重要的东西，那就是火窑。火窑是用来烧制陶器的。陶器没那么容易烧得出来。火窑有火膛，有火道，将要烧的东西放在里面。大约五千年前的考古遗址出土的火窑和现在台湾苗栗地区还在用的火窑，基本构造没有太大的改变。火窑中间是可以产生高温的地方，然后要有一个让高温通过的通道，借高温将泥土原料做成的东西改造为不透水的陶器。

我们越来越相信，形成中国古代村落的另一个理由来自陶器制作的专业化。挖一个壕沟很难，同样，盖一个火窑，懂得怎样做火窑，使制作陶器的程序变得固定、有把握，也很不容易。拥有构筑火窑能力的人，往往就能吸引其他人靠过来，这或许是中国最早的小中型村落出现的另一个原因。最明显的证据就是在各个遗址中出现陶器的演变，还有陶器在当时人的生活中可能扮演角色的相应变化。

庙底沟的陶器相对简单，我们很容易猜到它们的功能。庙底沟陶器的重要性在于出现平底的器型。之前的陶器，一来模仿大自然可以盛水的物体，比如瓢瓜等，二来有技术的限制，所以几乎都是圆底，显然是将陶器吊起来，从下面生火。这种形制的缺点是站不住，所以人们渐渐产生了突破技术限制、做平底容器的想法。

除此之外，陶器的另一项重大转变与技术突破是三足器。中空器皿下方做了三只脚，可以腾空站立，让火从三足器底下烧，就省了吊器皿的麻烦。早期出现的三足器都不大，因为很不好烧，牵涉如何让三足和中空的主体黏合，稍微大一点儿就更难了。另外一个重要进展，是容器把手出现了。不过，在庙底沟时期，三足器还不多，有把手的容器也很少。

没过多久，各个文化的制陶技术有很大的改善。特别值得注意的是大汶口文化，因为我们现在有充分的理由相信：大汶口与良渚这两种文化是商朝重要的前身；相对地，仰韶文化——尤其是河南仰韶文化——可能是夏朝与夏人文化的前身。和属于仰韶文化圈的庙底沟二期相比，大汶口文化的陶器就花哨多了。大汶口有更多不同形制的陶器，特别值得注意的是：第一，陶器的模样越

图 3-5　三门峡庙底沟遗址

来越特别；第二，从今天的陶工与烧窑技术往回推，这些陶器烧制的难度越来越高；第三，也是最重要的，是在大汶口开始出现一些不太能纯粹从功能角度理解的陶器形制。

越来越多无法在功能与烧制方式上找出道理的陶器，引我们不得不假想：这些陶器对当时的人应该有作为器皿之外的重要意义。

陶器的出现与存在，原本基于其耐高温与不漏水的功能性，促成了农业的快速发展，让谷类作物成为人类最重要的热量来源。可是至少在大汶口文化时期，陶器扮演的角色好像已经不止如此了。有一些陶器很不好烧，看起来也不好用，他们为什么要花这功夫去做？除非是在好烧与好用之外，这样的东西还能带给当时的人不同的满足。

图 3-6　大汶口文化陶器图

06

# 陶器的重要意义

这其实也不难理解。我们可以推想，在那个时代，陶器是人与大自然分界，属于人的生活中最明显、最独特的拥有物。若要在由大自然生产和提供的东西之外，拥有一种不同的、不是每个人都能从大自然取撷的东西，陶器绝对会是第一选择。当然，他们的生活中还有工具，不过在人类已经做出奇特多样的陶器时，工具却还处于相对原始的阶段，所以和工具相比，陶器是更合适的原始财产形式。

马克思主义历史观主张：生产工具的改变造成生产力的改变，是历史演变的根本原因。然而，我们看中国历史，从约六千年前的新石器时代中期开始，一直延续到约三千五百年前，这几个区域在两千多年的时间里所使用的生产工具并没有重大变化，一直以磨制石器作为最主要的生产工具。可是，各个不同区域在这两千多年间发展出来的文明何其不同！因此，不能单纯从生产工具的改变去理解文明的变化，尤其不能用它来理解中国文明的变化。

越往东南走，陶器文化的发展越惊人。很多陶器形制显然是要分开先做好几个部分，然后再将各个部分拼起来，放进窑里烧成一个完整的器物，多么耗费心力和时间，更不用说这个过程中遭遇过多少失败！这样做出来的陶器却没有多增加什么特殊的功能。因此，我们无法忽视的事实是，陶器在此脱离了生活上简单的必需品地位，也不再是谷类作物储存和烹煮的附随品。

往西北方向走，有发展路线不一样的甘肃马家窑文化。马家窑文化在陶器形制上不突出，但是陶器表面却有丰富的纹饰。花纹这么华丽，变化那么多，又是为了什么？

在马家窑文化的遗址中，将同一个坑的陶器都放在一起，我们马上会注意到：陶器的形体几乎都一样，在形制上面没什么创意，然而，几乎每个陶器表面烧绘的花纹都不一样。纹样完全不影响功能，所以费工夫画出来的花纹也不是为了好用。而且，这些陶器是在墓葬中发现的。在这种情况下，我们怎么还能天真地只把陶器当作器皿，只是好用的东西？它们必然还有其他的意义。

今天在博物馆里看到的彩陶展览，最漂亮、最常被展出的就是马家窑文化的陶器。它们又大又漂亮，还有纹饰。但也就是这些现象使我们怀疑：这些陶罐真的是原本生活中使用的吗？它们摆放在墓葬里，保存完整，而且从出土的情况看来，不像有生活中使用过的痕迹。或许，这些陶罐就是为了放入墓葬中而特别烧制的？

图 3-7　马家窑陶器图

考古最迷人的地方正在于会有类似这样的情况，逼得你不能不想，不能不有解释。我们发现，或者说我们也被迫去理解，至少到了大汶口文化、马家窑文化以及其后新石器时代的中后期，制造、运用这些陶器的“有思想”的人，他们的生活里应该有了超越纯粹实用功能以外的考虑。

07

# 墓葬在说什么？

新石器时代出土的许多墓葬，让我们进一步相信这一时期的人们必定有相当程度的意义思考，要不然不会有这些特殊的现象。

华阴墓阵遗址属于新石器时代中期，其中 M1 有五个坑，每个坑里都埋了不止一人。有的有陪葬品，有的没有；有的遗骸是一次葬，死了就被埋在那里，还有一些尸骨是二次葬，先葬过，后来才被移过来的。所有华阴墓葬竖坑，都是南北朝向，所有的遗体都是东西朝向，所有的头都朝同一边。这不会是偶然，这群人一定在想什么事情，一定有自己的道理判断：人要下葬，就必须如此，才是正确的方式。

这里墓葬的方位和华阴墓阵相反，头朝西边，不过方位都很正，正东或正西。中国文化中面向正方位的习惯，可以追溯到新

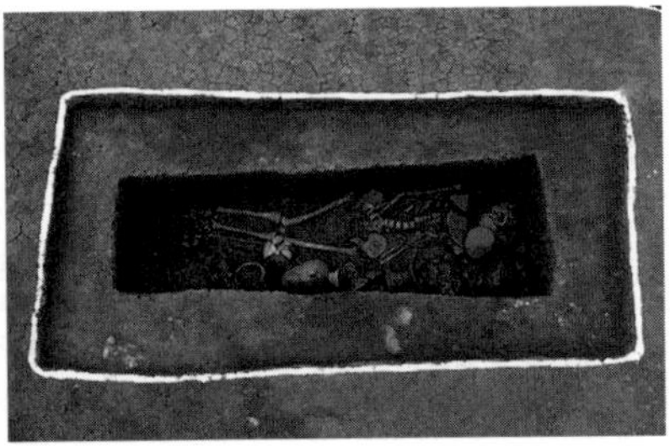

大汶口墓葬图

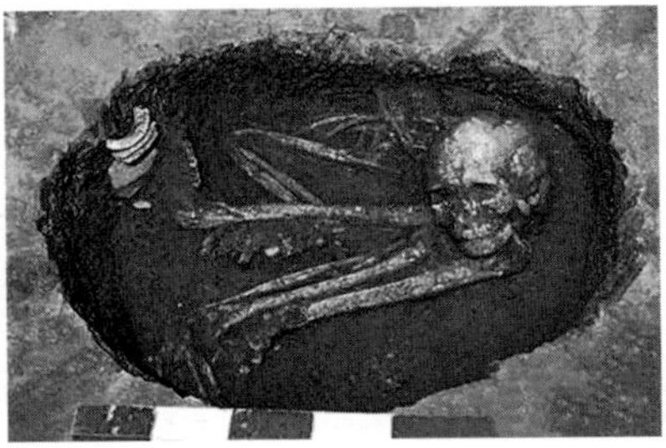

大溪文化墓葬图

马家窑文化墓葬图

图 3-8　新石器时代墓葬图

石器时代。

这里有不同的墓葬。一个是直身葬，陪葬品放在遗骸旁。另一个却在外面多做了更大一片夯土层，将陪葬品摆放在夯土层上。这两个墓葬的比较很容易理解，后者一定是在这个社会里特别重要的人，所以利用不同层的墓葬范围和不同的陪葬品来彰显其地位。但是我们真的很想知道，哪些器物放上面，哪些器物放里面，有什么区别、什么意义？

有人认为，这象征了当时的制陶者拥有很大的权力，或许，那是一位制陶者的墓葬。出土的陪葬品看起来都没有被使用过，也许是特别烧来摆入墓中的“明器”。[1]一种猜测是死者应该和制陶有密切关系，一位制陶者为自己或父亲，或是徒弟为师傅，烧了一整套明器，将他可以烧出的各式各样的陶器都做了，所以同样的陶罐有这么多不同的花纹，简直像是一套烧陶的编目。它们像在展示：“嗯，我们家烧的陶器通通都在这里了，你们大家可以趁机看一下。”

那是一个重要的制陶者向他所处的世界、所处的社会发布的权力宣言。我们可以继续努力去发掘，去猜想。考古有一个好处，因为考古能拥有的出土资料太有限，所以考古的史学方法通常比文献的史学方法宽松。意思是说，反正资料那么少，在现有的考古资料里，只要没有明确抵触的，你都可以提出你的假想。这是考古另一个很迷人的地方，我们大家可以一起去想，它可能是怎么回事。

显然在这个时候，有些信仰观念已经萌芽。考古工作一定要和“死人骨头”打交道，一定要发掘许多墓葬。但是即便挖过许多死人，有些墓葬出土时，还是会让发掘的人觉得心里发毛，因为你清楚地感觉到那不是一般的埋葬，那里面有几千年前的人的思考与想象浮动，穿越几千年时空要对我们说些什么。

即使是考古学家看到像大溪文化出土的屈身葬，还是难免心里发毛。屈身葬已经很困难了，大溪文化的墓葬还用一种更困难、更戏剧性的姿态来下葬，让人总觉得这后面应该是有故事的。

---

[1] 明器指的是古代人们下葬时带入地下的随葬器物，出自《礼记·檀弓下》：“其曰明器，神明之也。涂车刍灵，自古有之，明器之道也。”

08

# 陶器在说什么?

西安半坡出土了为数甚多的陶器，这些陶器的花纹与马家窑的花纹不一样。早期马家窑的陶器纹饰是由绳纹、网纹一路发展，以整齐的几何图形为主。半坡出土的陶器，上面的纹饰却是他们对于世界的观察（鱼、羊等动物）。所以陶器的存在对当时的人很重要，而且越来越重要。除了让谷物和作物更方便食用和储存之外，陶器还成为人去想象外在世界，进而去表达他跟周遭社会之间的关系，以及他与这个世界的关系的一个重要媒介。

相较于其他文化，中国陶器的发明不算特别早。目前最早的陶器出土证据在俄罗斯。然而，从出土的考古遗址来看，中国这块地区在四五千年前就呈现了一种强烈的倾向，那就是陶器具备高度的社会意义。这是在其他许多文明中不曾看到的。陶器的社会意义越来越重要，这与中国国家的起源、中国最早的统治方式有着幽微却密切的关系。与其他地区的古文明相比，陶器——不管是在仰韶、大汶口还是良渚——都早早开始扮演作为群体生活当中最重要的意义承载和意义表达工具的角色。

在中国新石器考古上有一只极为有名的陶碗，上面画了一个像是X光片上看到的人。我们无法从功能面上解释，为什么要在一只碗里面画东西，而且画的是人的骷骨。和前面所说的墓葬现象一样，这只碗告诉我们：当时的人对于死亡与死后世界应该有他们特殊的想象。没有死后世界的特殊想象，不太可能愿意或需要花力气做二次葬。有不少发掘出土的竖坑葬，很多骸骨排列葬下来，很多大陆的学者解释那是家庭或家族坟坑。到今天，我们也都有家族大墓，一个人死了，先葬在自己的坟里，隔一段时间后，要捡骨，将剩下的骨头收起来，摆放在金斗瓮（骨灰坛）里，放入家族集体的祖坟。或许新石器时代的竖坑葬就是类似的做法。显然那时的人开始想象死去的人彼此之间，以及死人和活人之间的关系了。

马家窑陶器上的纹饰在表达什么？光凭直觉，我们就感受到这时已经跃动着一种具体化的倾向，这已经是造型艺术的开端了。陶罐上画了一个人，这个人形的意义或许和原始阳具崇拜有关，也可能代表某种生殖神。这几个陶器都一样，抽象的纹饰和具象的描绘并存，进一步具象的造型几乎要取代原来的陶罐形制了。我们完全可以想象，再进一步应该就会出现关于动物或人的纯造型呈现。

图 3-9　马家窑陶罐碗图

最初烧陶土是为了制造器具，可是人类后来发现，陶土还有更多用处。可以在陶土上画图，还可以用陶土做具象造型，可以将陶土捏成眼睛里看到的东西，也可以试着去画那些具体的东西。看到一样东西，想要把它画下来，这正是文明发源的一个冲动。

奇特的是，在新石器时代，我们看到这个冲动的萌芽，可是后来却迟迟没有进一步的发展。和同时期的其他新石器文化相比，中国新石器文化能找到的具象造型艺术极为稀少。陶罐上面明明已经刻出了一个人，如果其用意是借此呈现外在世界，表达与这个世界的关系，那么下一步应该就是将陶罐丢掉，用陶土塑造一个人的模样。但是我们现在从考古资料上看到的最强悍的趋势反而是，陶罐的基本造型一直存留下来。西安半坡已经有这么多具体的图形和图案，然而这类具体的图画，到了后来从陶器演进到青铜器，都找不到进一步发展的证据。

依照现有新石器时代的考古资料，我们看出一个重要的焦点：中国农业的起源过程中，每一种文化（仰韶文化、大汶口文化和河姆渡文化）的确立都和农业有关，也都和陶器有关。然而，如果说这几个不同文化的彼此缓慢互动，产生了什么样的共通性，到新石器时代晚期逐渐形成的话，那么，至少有一个是对于器皿形制以及抽象纹饰的重视与坚持。大部分墓葬里的陪葬品都是陶器，用工具陪葬则少得多。此外，造型艺术在古代中国也没有太大的发展。从新石器时代的器物到后来的青铜器，原来陶器所延续下来的这个脉络，在之后的中国文明中占有非常重要的地位。

09

# 以器皿为开端理解中国国家起源

后来出现的青铜器绝不只是生活器具而已。陶器刚开始制造，或许还可以以个人或家庭为单位，用简单的方式烧制。然而，生产发展到一定阶段，像马家窑出土的陶器，所需的火窑条件就太复杂了，非得有专业化、集体化的发展不可。到了制造青铜器，那就更不得了了。烧制陶器一般至少需要 600℃，换作铜器，就要烧到 1000℃。这当然不是一般随手捡来干燥后的木材所能烧出的温度。其中涉及特殊的燃料，更涉及萃取原料的特殊方式，毕竟铜不是从地上捡了就有，混合青铜所需的锡也不是。制作越困难，耗费的力气越大，显然也就需要越强烈的动机和理由了。

“中国青铜时代”其实是一个奇怪的表达，尤其对于依循马克思主义唯物史观的大陆史学家来说，更是如此。按照马克思的历史唯物主义，生产工具是生产力中最活跃的因素。中国出现青铜，明确证据出现于约公元前3000年，那应该算作青铜时代的开端。不过，青铜时代前面的新石器时代，后面的铁器时代，其定义就是社会以石器或铁器为主要的生产工具。如果采用这个严格的定义，那就无从安顿中国青铜时代了。我们几乎找不到中国放弃了石器工具而改用青铜生产工具的任何证据。

这要回到《左传》上记载的："国之大事，在祀与戎。"（《左传·成公十三年》）目前传留下来或发掘出土的青铜器基本上就是两种东西，一是礼器，二是兵器。青铜农具极其稀少。如果从生产工具的角度来看，中国其实是从新石器时代直接进入铁器时代。从新石器时代一直到商朝小屯殷墟制作出如此辉煌的青铜器皿的时代，农业生产都是使用石器。到了西周，就陆续出现了铁制工具，中间根本没有生产工具上的青铜时代。

既然没有生产上的用途，为什么会有青铜？为什么用如此难锻造的青铜去做没有实际用途的东西？一般所熟知的代表性青铜器，例如毛公鼎和散氏盘，是为了拿来烹煮盛菜的吗？当然不是，它们不是实用的东西。

青铜器的发展与源流，必须追溯到新石器时代的陶器。那不是到了商朝，在商人文化中突然产生的现象，而是早在新石器时代就已经出现端倪。最早的中国人，比如大汶口、仰韶、良渚和河姆渡等几个文化区的人不知是独立发展还是彼此影响，开始出现的明确共通点，就在于视陶器为重要的意义承载工具，而不只是生活上有用的容器而已。早在新石器时代，陶器承载的意义就逐渐超过它在生活上所提供的便利。

良渚文化出土了精巧的玉器，更是没有实用性的物品。而良渚的玉器和陶器，都有丰富、漂亮的纹饰。类似的纹饰风格，我们会在商朝的青铜器上看到熟练的线条，带有高度抽象性，而非具体造型。

我们没办法仅仅凭借考古明确地界定什么是“中国”，什么是“中国人”，什么是“中国文化”。然而，有几条线索清楚地浮现出来，可供我们追踪。第一，我们大致明了，从七八千年前，在现在叫作中国的这个区域里，哪些地方曾经有人居住，他们大概用什么样的方式发展生产（大部分都是农业），又相应发展出什么样的生活方式。

第二，我们知道，后来商朝显现出的高度文明成就，是在七八千年前以降新石器文化的基础上慢慢积累起来的。这中间并没有外来因素的影响。从前安特生（Johan Gunnar Anderson）所提的“西来说”[1]，认为要到中亚去找中国文化源头的说法，现在已经完全站不住脚了。从考古上看，没有任何这方面的证据。

相反地，我们现在有充分的理由相信，这些满天星斗般散落分布的新石器时代文化，就是后来夏文明与商文明的主要构成元素。至少在一件事上，就是对容器的执迷——只要看到容器，就喜欢

[1] 1923年，安特生发表《中国远古之文化》，把仰韶文化确立为中国史前文化。他们认为，在新石器时代文化晚期，以彩陶和尖底瓶为代表的西方文化进入华北，并成为中国文化的一部分。这就是著名的“中国文化西来说”。

得不得了——的确是一脉相承的。

本来的工具转变成在文化生活、文化意义上的重要角色。这是其他同阶段文明中看不到的现象。你到台北故宫博物院去看看，只要是六朝[1]之前，你能看到的重要展品，几乎都是器皿。相对地，古代近东和古希腊的文化中，容器绝对没有这种重要性。不是说他们没有漂亮的器皿，古希腊所留下来的瓮，像是济慈特别写诗《希腊古瓮颂》（*Ode on a Grecian Urn*）来歌咏的，是很美，可是它们和中国从陶器一路下来到青铜器文明，整个脉络上器皿扮演的角色，却大异其趣。

至少在现阶段，要理解中国是什么样的文明，要理解中国国家的起源，必须研究器皿。

---

❶ 六朝是对三国至隋朝统一之前中国六个南方王朝的统称，包括东吴、东晋、宋、齐、梁、陈。该称呼始于唐人。

第四讲

# 夏、商、周的同步发展和夏人共主

01

# 夏、商、周是前后接续的王朝吗？

从出土的考古资料来看，到新石器时代中期之后，大概有几个不同的文化区域。大汶口文化连接龙山文化，构成了山东龙山文化。另外有上接仰韶文化的河南龙山文化，更西边有陕西龙山文化，延伸出去就是甘肃的马家窑文化。南边早期有河姆渡文化，然后河姆渡慢慢扩展成为一个更大的长江流域的文化，一般称之为湖熟文化。

这些新石器时代文化区域的形成，首先冲击了我们过去对于夏、商、周的理解。

以往对于夏、商、周的理解很简单、很直接，就是夏朝灭亡了之后是商朝，商朝灭亡了之后是周朝，这是用后来的朝代概念回头想象夏、商、周时期，不自觉地假定夏、商、周就像宋、元、明、

图 4-1　大汶口文化陶器图

清，是一个个政权的更替，是前后相续的政权名称。然而，若是运用与传统记载上夏、商、周同时期或稍早的考古资料，有些事显然不太对劲儿。

一个重要的证据是殷墟，它是 20 世纪中国考古最辉煌的成就之一。殷墟考古发掘出大批甲骨，整理这些甲骨使历史学家得以重新验证了《史记·殷本纪》的世系表。另外，这些甲骨记录的内容，也使得一般通称“商朝”的这个“朝”字启人疑窦。从甲骨资料检验商人与非商人（不属“商”这个民族或这个文化的人）之间的关系，就发现“周”这个字不断出现，因此有足够多的材料让我们可以确认，这个字指的都是在西边的一个群体、一个民族。通过董作宾了不起的耐心编排，我们可以借由甲骨文详细的编年，知道殷墟的材料最早从武丁开始，武丁时期就已经明确出现“周”字，指聚居在商人西边的一个民族。

经过罗振玉和王国维校正之后的《史记·殷本纪》世系表，一共列了十八位商先王庙号，武丁是从成汤算来第十二个。[1]从武丁之后，一直到纣王结束，商灭亡，至少还有两百年的时间。换句话说，甲骨资料清楚显示，周人和商人至少有两百年的时间是重叠的。我们不能不开始怀疑：传统上认为周是一个朝代，是接续商朝出现的，这样的想法对吗？

---

[1] 《史记·殷本纪》共列出了十七世三十一位王。王国维的《古史新证》《殷卜辞中所见先公先王考》《殷卜辞中所见先公先王续考》和罗振玉1915年发表的《殷墟书契考释》中列举了十八位商先王庙号。

02

## 商取代夏成为共主，并未消灭夏

再往上推，那商和夏呢？传统的说法也是夏桀被商汤灭了之后，才有商朝。那我们也来检验一下夏朝的相关考古发掘。古史学家徐旭生详细考查了古代的文献资料，对比所有古代地理学上与夏朝有关的资料，判断夏朝遗迹最有可能存在于河南西部。1959年，徐旭生筹划了一个大型的豫西考古，后来成果惊人，挖出了极为重要的偃师二里头遗址。

偃师二里头遗址中挖出了夯土宫墙基址，也挖出了大量文物，还挖出了到目前为止在中国古史研究上最早的金属遗留物。徐旭生本来是要找夏墟，结果在豫西偃师二里头找到明显高于已知新石器时代后期文明程度的遗址，包括城墙、宫室、夯土宫室基址和大量物件，甚至包括金属。他会如何解释这个遗址的发现呢？

照理说，徐旭生应该很兴奋地宣告找到夏墟，然而因为特别的历史机缘，徐旭生没有做出这样顺理成章的结论。偃师这个地方，在古史地理资料上有过一个“西亳”。据传统文献记载，商汤灭了夏之后，建立的第一个都城是亳。偃师有过西亳这个名称，就让徐旭生认为这个遗址应该和商朝有关。压在二里头文化上面的地层，还有类似商朝中期文化的痕迹。

徐旭生就断定，偃师二里头应该属早商文化，从早商一路发展到中商。整个二里头的遗址，在时间和文化上是连续的，从上层一路往下并没有看出明显的断裂。徐旭生进一步推论，若底层属夏朝，上层已经到了商朝中期，那么中间经历了夏商改朝换代，就应该显示出剧烈变动的迹象才对，所以更确定了偃师二里头是商文明的一部分，不是夏朝的。

豫西考古团是由徐旭生主持的，偃师二里头是由他主导挖出来的，而且他对夏朝地理做过详尽的研究，最后他说挖出来的不是夏朝遗址，而是一个早商的都城遗址，别人很难有资格和立场去质疑。

后来经过“文革”的破坏和中断，中国考古学家重新回来整理中国古史架构时，经过反复对比讨论，越来越多人支持徐旭生最早的假定，夏墟应该在豫西没错，而且偃师二里头的地理位置就正落在文献记载上的夏朝方位，也就开始有了试图从偃师二里头考古遗址来探索夏朝与夏文明的主张。一直到 1974 年、1975 年，终于有人出面挑战徐旭生的判断。

也许徐旭生错了，或者说徐旭生其实原本就是对的，但被西亳这个地名给误导了。这个翻案的假定，在对中国古史的理解上掀起巨大的波澜。偃师二里头可以被认定为夏文化遗迹吗？在断代上，偃师二里头被断为夏朝，比早商更早，从考古层位上看没有问题。偃师二里头（豫西）和古史记载中商人发迹的地方，有相当大的差距，几乎所有关于商人起源的文献记录都指向更东边的地方。

唯一的问题，如果是夏文化延续到商中期，那为什么在这个遗址上看到的是强烈的延续性，而没有夏人被商人征服、取而代之的激烈断裂变化？解决这个问题的关键，在于我们如何重新看待商朝与夏朝的关系。

徐旭生看到考古遗迹中从底层一路往上并没有出现剧烈的变动，因此他判断应属延续几百年的同一个文明，基于此判定二里头为商朝文明。今天我们有理由换一种说法来理解，也完全符合考古资料所呈现的：底层本来就是夏朝文明，而一直到历史记载上所称的商朝的年代，其文明反映在物质遗留上并没有大的变动，是因为从夏朝变成商朝，至少对偃师这个地方，并没有造成巨大的冲击。

换句话说，从各种不同因素进行分析，有另一个可能性更大的解释：偃师这里本来就是夏人的基地，尽管夏朝结束了，却并不表示来了一个外来民族或外来文化，压在这块夏人基地上。夏文明依照原有的形式继续在发展，夏民族及其文化并没有灭亡。

从这个角度，我们也可以同时理解西亳这个地名的因由。西亳指的是，当商朝建都的亳在夏人都城之东，或许就是从商人本位出发，将这个地方称为西亳，一座在亳的西边的大城。

现在越来越多的考古学家和古史专家接受的看法是：大约在公元前 18 世纪，原本的共主架构（现在我们还没有办法详细还原共主制度的运作）有了巨大改变，由商人取代夏人作为共主。商人建立了自己的基地，叫作亳，以亳为中心行使共主权力。然而夏人并没有因商人获得共主地位而被消灭，他们在原来的地方继续其生活与文明。商人也始终意识到在其势力之西另有一支强大的旧有民族，商人以亳作为都城的名称，就将夏人旧都城所在地称为西亳。这样的理解让很多考古上的问题，都可以得到比较合理的解答。

03

# 同时存在的夏、商、周各在何处？

其中一个获得较合理解答的问题，就是新石器时代考古发现如何与传统文献搭接。夏、商、周不是，至少不全然是前后接续的朝代，而是不同区域的三种文化，这就能和新石器时代文化分布的考古资料吻合了。

夏、商、周很可能就是在三个不同区域所产生的三种不同的新石器文化基础上进一步发展的结果。这三个地区陆续发展了比新石器时代更复杂、更庞大的村落联合组织，这种村落联合组织的势力分布，在东边是商，中间是夏，在西边则是周。而中国古代国家的成立是这三个区域、三股文化、三个民族互动的结果。

从考古上看很清楚，河南龙山文化一步步演变成二里头文化，二里头文化演变到约四千年前，出现了夏文化的痕迹。

另外，由陕西龙山文化发展出了周文化。大陆在 20 世纪 80 年代如火如荼地展开了周原考古，目的就是要考证出周朝、周人和周文化的源头。将陕西龙山与周原考古结果按考古层位可以毫不勉强地联系起来，那么差不多在公元前 1800 年，这里有了社会组织和文化上的转变。合理推测，周人与周文化大约在公元前 1800 年，就在陕西存在了。

最难定位的是商。大汶口以降的山东龙山文化展现了与商文化明确的相似性，然而从古史地理考据上看，商人发迹的地点比大汶口和山东龙山更往南些，比南方河姆渡文化衍生的湖熟文化区稍微往北边一些。所以商人的起源到现在不清楚，这是中国考古研究的大困扰，也是张光直先生一生留下的最大遗憾。

可供查考的商人起源的相关地点，几乎都在黄河冲积区。这里的土都不是原生的。黄河每年带下来的冲积土，几千年来反复覆盖了这个地区。就算有考古遗迹，也都被沉埋在不知多深的沉积土下面，无法发掘。所以一直到今天，早商的考古迟迟无法有具体的突破。

我们只能借由在夏、周考古所得的经验，来对商朝文明起源进行初步的理解与推断。我们合理推测，商人一部分起源于大汶口文化与山东龙山文化，一部分来自河姆渡与湖熟文化，所以商朝可能会比夏朝、周朝更加热闹和丰富。因为从地理上看，商应该是由两种不同文化互动融合所产生的。夏文化所承袭的河南龙山文化，与周文化所承袭的陕西龙山文化则不是这样。

确立了这样的概念之后，过去文献中的很多不通之处——古人刻意不去追究，后来疑古派刻意凸显的那些矛盾——就可以有更具说服力的解释了。例如夏、商、周都有其始生神话。夏的始祖是鲧、禹，商的始祖是契，周的始祖是稷，这是《史记》各卷本纪上分别记录的内容。但是《史记·三代世表》里，鲧（夏）是颛顼的后代，契（商）是帝喾的后代，后稷是少昊的后代。而颛顼、帝喾和少昊，都是黄帝的儿子。夏、商、周三代始祖都从黄帝那里传下来，所以，中华民族都是炎黄子孙。《史记·三代世表》还告诉我们，夏朝先传了十四代，到夏桀时被汤灭亡；汤开创了商朝，又过了十七代（后来根据甲骨文记录修正，应该是十八代）到纣，又被周人所亡。换句话说，依《史记》的纪年回推，从夏朝开始到周朝建立，其间是一千一百年。

再看这三个朝代的始祖：鲧、契、后稷。鲧和禹最有名的故事是舜命这对父子去治水，后稷是尧、舜时代的农官，契也是舜朝廷里面的官。依照这个故事，他们这几个人是同时代的人。让我们整理一下，最早有黄帝，从黄帝的儿子引申出不同世系，传下夏、商、周这三支，鲧、契、后稷是他们各自的始祖，而这三个始祖是同时期的人。过了十四代，契的子孙跑到夏这边来，接替了他们的位置；再过了十七代，后稷的子孙又过来接替商的位置。

《史记》已经明确记载，这三个朝代背后有三支长远的世系，而且这三支是同时建立、同时存在的，并不是单纯的先后顺序。

04

# 中国国家起源的实际状况

lineage（世系）和 clan（宗族）是人类学里两个类似但不完全一样的概念。

lineage 指的是家族系谱。像是从一个家族一世祖开始一直到今天，家谱记录的就是 lineage 中的每一个环节——你父亲的父亲，你祖父的父亲，你曾祖父的父亲，一直推到家族第一世祖，还旁及一代代别支兄弟，脉络传承清清楚楚。再比如，今天生活在上海的一位市民，追溯自己的先辈，家谱记录的 lineage 要一直记录到几个世纪以前迁徙到上海的第一代祖先。

clan 呢？有一部分仍然像族谱，只是在这个家族建立之前，在前面加上这个家族建立者前面的世系，这样在时间和空间上都扩大很多的族谱，就不会那么完整。中间有许多中断、阙漏，一直往上排，排到这个氏族的始祖，很可能是一个叫李世民的人。这是clan，你很可能会遇到另一个姓李的人，他们家也有一本族谱，丰富详细，但是和你们家族谱会有一个地方是一样的，那就是他们家族的始祖也叫李世民。而那位上海市民往上还可以推出更多的祖先，远在苏北，甚至可能追溯到魏晋时代的河北世族。

这是什么意思？人类学上讲的clan往往都有后来的建构。人们会倾向于基于不同理由而给自己建构一个长远的始祖，久远到无法明确追究世系之处，以这个始祖的名义统合成一个更大的、想象的氏族。

两个不认识的人或两群陌生人要结盟，最好的方式就是认兄弟。认兄弟最简单的方式，是去找到或创造一个彼此都同意、都愿意接受的认识的祖先，当作共同的祖先。如此一来，很快大家就能变成一个clan，在氏族架构下发展彼此之间的特殊关系。

这种氏族组构机制在民族志和历史资料，乃至现实中都很普遍。用这种方法推论中国文化的起源，黄帝传说或许就是在这样的机制中产生的。夏、商、周是三个不同氏族、不同文化，但后来发展出越来越紧密的关系。将不同群体融合在一起，最直接的方法，就是给他们一个共同的祖先，那就是黄帝。三个本来各有不同起源和特色的文明、社会、民族，因黄帝而融合在一起，组成一个庞大的亲族组织。

考古证据显示，中国文明的起源是多元的，这和文献上的黄帝始祖一元传说大不相同。然而，我们再回头仔细看一下，至少到司马迁写《史记》时，多族多元的记忆其实还没有彻底消失，所以各族始生神话仍然反映了古史上的夏、商、周多元并存的情况，这和新石器时代考古资料的推论是一致的：夏、商、周是三个不同的独立族群，他们进行了非常复杂、非常激烈的互动，最后产生了一个融合的新文明。

这三个巨大的原初文明应该是经过漫长的斗争，才终于找到和平相处的模式。要和平相处，就得忘掉彼此曾经斗争的过往，于是建构另外一套说法，将三个世系、三个族群，转化为时间上先后衔接的顺序，再通过后来日益强大的社会组织的核心关系——亲族关系——将三族融合在一起。综合考古资料和文献，这可能是最接近中国历史起源实际状况的一种解释。

05

# 三大区域的互相竞争推动了国家的产生

夏、商、周的国家起源方式极为独特，在世界的古史研究中很少见。为什么会有国家出现？这来自基本同时快速发展的三个先进文明间的竞争。依照目前看到的考古资料，约四千年前，山东龙山南边、河南龙山和陕西龙山这三个文化区域，用人类学的发展阶段概念来说，三个社会差不多在同一个时期，从部落社会进入酋邦社会[1]。

部落是人类最早形成的人与人之间的集合形式。部落的重要

[1] 酋邦社会（chiefdom）是美国文化人类学家瑟维斯（E. R. Servise）对于国家产生之前人类社会组织形态的一种称谓。他在《原始社会的组织》（*Primitive Social Organization*）和《国家与文明的起源》（*Origins of the State and Civilization*）中对此进行了详细论述。

特色是，集合、组织在部落中的每一个成员（这个成员不一定是个人，可以是一个家庭，或一个互助的打猎群等），基本上是以平等的方式组织起来的。进入酋邦组织，就出现了一个酋长。酋邦以酋长为中心，而且每一个成员在组织中的地位和作用，是依照与酋长之间的距离来决定的。

从经济方面来看，进入酋邦组织，才出现了生产资料的剩余。部落基本上是一个合作组织，大家平等合作，将事情做完，部落并没有太大的分配功能。酋邦却是以分配组织的形态存在的。在酋邦中出现了生产集中制，这是酋邦之所以胜于部落的最主要特征。有了中心，有了酋长，不管是农耕或是渔猎采集，成员的收获至少有部分要交给酋长，或有部分交由酋长来进行分配。酋长会依照成员与他的关系远近重新分配，这是酋长最大的功能。

为什么在这种新组织模式中才会出现生产资料的剩余呢？我们要明白：平等是最难创造出文明的，因为每个人都将生产所得在自己身上分别耗费掉了。假设维持一个人的生活需要八元钱，而每一个人的生产力值十元钱，在平等组织中，每个人都拥有两元钱的盈余。换个角度看，每个人也都只能创造出两元钱的享受。这样的剩余不足以产生文明突破。

什么时候文明才会真正出现呢？有一天，群体中一个特别有办法的人，在原本生产十元钱价值，耗费八元钱价值的情况下，将每个人多出来的两元钱，统统集中到他一个人身上。这时候，他可以创造出两百元甚至两千元的价值，这就是文明的萌芽。借由分配所产生的集中制，是从部落到酋邦的重大变化。

从新石器时代后期的墓葬可以看出，有些部落组织中的生产与财富有了逐渐集中的迹象。到了约四千年前，这三个主要区域都明显出现了集中制创造出来的文明。

集中制创造出来的文明就构成了三个彼此接触，进而彼此竞争的中心。竞争关系刺激他们不断扩张自己的领域，同时也就强化了对内的集中程度。集中程度越高，就有越多的资源投入竞争扩张。甚至就连自保，增加防卫能力，也有赖于财富资源的集中。以前挖壕沟就够了，后来非得盖城墙，而且必须是夯土打造的坚实城墙不可，那就非得加强组织，要动员很多人，在最短的时间内，赶紧将城墙筑起来。

中国的国家机制，显然是在这三个不同中心的竞争中得以快速成长的。相互竞争与防卫，加速了互动，也加速了彼此学习。这就是为什么在这么短的时间内——以古史的尺度来衡量——大概从公元前2000年到公元前1000年的这一千年中，中国快速产生了一个辉煌的国家组织与国家制度，以及一套与国家组织和国家制度相对应的高度文明。

06

## 夏人何以成为共主?

参照古史文献，在这样的三角竞争关系中，夏原本应该是最先进的。约在公元前21世纪，夏率先步入跨部落共主地位。这里，我们碰到了夏朝考古资料不足的困难。偃师二里头很重要，可是到现在为止，除了偃师二里头以外，并没有太多其他相关的夏史材料可以和偃师二里头相对应，连成一条夏人和夏文化面貌的线索。更大的限制在于，即使是偃师二里头遗址，也没有可供辨读的文字资料。

因而，夏人到底有什么样的突破，可以使它成为较大区域的共主，是一个难解之谜。

不能直接找到夏人的证据，我们只好退而求其次，看看能不能通过研究在夏人之后崛起为共主的商人，以及商人所展现出来的文化特色，回溯三个地区竞争中的关键或秘诀。

依照时间顺序，我们应该先将夏文化弄清楚，明白他们凭什么能够在公元前2000年左右成为区域共主，再讨论商人、商文化有怎样的突破优势，以至于能超越夏人。然而考古学的性质就是如此，没有足够的夏文化资料，不能强求，只好发挥推理与想象能力，运用既有的资料推测未知的历史。

回到前面提过的一个重要事实，就是中国国家的出现，并不是伴随着生产工具与生产力的突破。考古资料清楚显示，从约八千年前一路下来，中国地区的石器生产工具并没有突破性的变化。工具没有突破，意味着随后两三千年中，个人的生产能力不可能快速增长。

在那几千年中，人的体力一样，身体组织完全一样，所面对的自然环境、生产条件也一样，连使用的工具基本上都是一样的，个人生产力从何提升？也就是说，总体的生产力，也只会随着自然人口的增长而增加而已。

但奇怪的是，约四千年前，这块土地上的人类创造出来的东西，和约六千年前的情况天差地别！这段时间内出现了城、宫室、青铜器、甲骨和文字等。我们要问，这中间到底发生了什么？在总生产量没有巨大增加的情况下，为什么约六千年前创造不出文明，到约四千年前就可以创造出如此辉煌的文明？

看来只能有一个合理的解释，那就是在这两千年中，这块地区出现了剧烈的社会组织变动。社会组织上的变动让过去相对平等的人——或者引用马克思主义史学理论的说法，在原始公社制度下生活的人——开始了阶级分化。在阶级分化的过程中，分出了拥有私有财产者和没有私有财产者，后者拥有的东西越来越少，因为他的生产所得通过某种社会组织与社会强制力，被集中到少数富有的人身上。无产者越来越穷，而他们的人数却越来越多；有产者越来越富，而他们的人数却越来越少。资源集中让富有的少数人得以挥霍，才创造出我们看得到的文明。

07

# 从玉器得知社会分化

在原来平等的公社组织中，大家各尽所能，各取所需，过着均贫的生活。这样的情况为什么会改变？为什么到后来多数人会坐视少数人变得富有并维持富有呢？让社会所有权的分配区别开来，因而创造出文明，这中间发生了什么？

解答这一连串问题的一种方式是去探索、研究古代的玉器与青铜器。前面提过，商文化的来源有二：一个是大汶口下来的山东龙山文化，另一个是湖熟文化。湖熟文化——尤其是良渚文化遗址的发现——可以给我们很大的启示。

我们前面看到的新石器时期墓葬中的陪葬品，绝大部分可以清楚辨识出其工具意义，比如箭镞、石斧，当然更多的是陶器。以良渚文化为代表的湖熟文化的墓葬中也有陪葬品，而且陪葬品的数

图 4-2　良渚的玉器图

量很多，但最主要的却是玉器，例如玉璧、玉琽和玉琮等几个典型的玉器形制。

这些东西的意义何在？最大的意义在于我们看不出它们的用途，它们没有实用功能，也不可能被拿去用作工具。相较之下，马家窑的墓葬里发现那么多同型陶罐，我们判断，那或许是中国最早专为陪葬而造的明器，而不是在现实生活中使用的。不过那些毕竟还是陶罐，我们一眼就可明白其缘由——在这个社会中，陶罐是有用的，所以一个富有的人，他死后要带走很多有用的东西到另一个世界去。可是，我们完全说不出良渚的玉器怎么用，它就进入另一个领域，一个由象征意义而非现实功用构成的领域。

良渚出土的玉琮值得特别注意。从形状就知道，它绝对是经

图 4-3　良渚的玉琮图

过精心雕刻的，不会有任何天然的石头长这个样子。而且良渚遗址中出土了许多具备同样形制的对象，其形式都是内圆外方，更证明了这个形状绝非偶然，恐怕已有严格的雕刻规范，也就必然有其形状上的道理。

良渚人没有留下关于道理与想法的记录。但是，玉琮的形状很容易让我们联想到“天圆地方”的传统说法。苍穹是圆的，地表是方的，玉琮会不会就是天地具体而微的象征？为什么纯粹非功能性的象征对象，会成为那个文化中富有的人墓葬里最主要的东西？

在玉琮等玉器上，我们看到这个典型的图案：像是一张戴着眼镜的脸，上面又压了另一张比较小的脸。显然，当时的人对于这个图案也必然有其解释。这个图案在这个文明里，必然有其象征，也有其象征所发挥的力量，不然不会出现如此清楚的复制。

有人想："我要画一个图形……"就算每个人画的图形都是模仿自然而来，但是，毕竟每个人画出来的都不一样。必须是社会上已经建立了一种集体习惯，认定这个图形代表什么意义，大家才会复制同样的图形。从某个角度看，玉器图案是文化中的明确符号，只是我们无从解读这个符号所代表的意义。

08

# 青铜器铸造带来的启发

假如商朝是由大汶口文化和湖熟文化的互动所产生的，那么我们或许可以试着从商人文化中发掘出来的事物，回推良渚玉器可能的意义。以安阳发掘出来的玉器为例，在玉器的雕磨上，商人与山东龙山文化间的关系远没有和良渚文化密切。安阳发掘出土了软玉雕琢的物件，带有半具象的形体，和良渚玉器一样，没有任何实用功能，不再是器具，比较像我们今天理解的艺术品。

然而，有一点很特别：如果这些非实用的造型是模仿自然而来的话，照理说，其表面不应该有纹饰，而应该将重点放在造型上。然而安阳出土的玉石之器，基本上没有一个表面光滑，每一个都带有纹饰。就连一眼看去就是鸟造型的玉器，身上都密密麻麻地布满纹饰。

图 4-4　安阳玉器图

殷墟的事物造型清楚显示，当时的人观察大自然，再将之重现出来，他们在这个过程中已经有一套自己的美学标准。商朝的青铜器，有犀尊、鸟尊，顾名思义，就是做成犀牛、鸟的形状，但是都带有非写实的风格化线条，也都布满纹饰。

那些动物造型上的纹饰和一般青铜器皿上的纹饰非常接近。从这样的物体中最容易看出两个传统或两种不同的工艺文化在商朝融合在一起。一个是来自类似良渚、河姆渡那个方向的石器雕琢，这里有一些对于动物特别的观察与描绘。然而这部分传统到了商朝，和另外的山东龙山文化互相影响，原来朝具体形象发展的石器文化与雕琢工艺相结合，呈现在全新的器皿上。

商朝的青铜器形制很多，看得人眼花缭乱，有鼎、鬲、甗、簋、釜、爵、角和斝等。青铜的起源有多种可能性。在新石器时代文化中，由制陶技术产生了火窑；到了二里头文化，就出现了一种特殊的陶器——白陶。按照烧制温度来排列，黑

图 4-5　青铜器皿形制图

陶所需的温度比彩陶高，白陶所需的温度比黑陶高。窑温要到1000℃~1200℃，才能烧出白陶来。所以一个地方出现白陶，就意味着该地的火窑技术已经突破1000℃。能在火窑里烧到1000℃~1200℃，泥土里包含的金属矿物质也都会被烧出来。

我们可以合理想象，这个区域的人一旦发明了让火窑温度那么高的技术，必然会在烧陶过程中看到各式各样极为新鲜的金属现象。然后可能再花几百年的时间不断试验，逐渐试出一种远比陶器更稳定和坚硬的材质。

商文化在这方面的表现很突出。发现青铜之后，它最重要的功能就是取代陶器。青铜的用途除了少量用于兵器制造，绝大部分用于将原来的陶器改成青铜材质。从这一个事实，我们可能得到的推论是：正因为青铜等金属材质都是在烧陶的过程中发现的，对于当时的人来说——他们不像今天的我们拥有一套强大的科学知识体系和系统的科学思维方法——很自然倾向于认为这个新的材料比陶器更坚硬，更适合拿来取代陶器。因为在制造过程中发现的相似性与联想，使得青铜自然取代了陶器，用来制造许多承袭陶器功能的器皿。

在新石器时代，陶器的重要性来自它是水、火与谷类混合的重要处所。另一个合理的推测是，在远古人的眼中，陶器应该像是具有神力的东西，可以将原本硬邦邦的东西化成方便可食的食物，他们无法理解水与火在陶器那个环境中起的变化，很容易对这种容器产生魔法想象。

随着农业的起源和发展，中国很早就有把谷物变化的神奇作用归因于器皿的想法。用今天的语言来说，就是器皿获得了宗教意义。器皿拥有宗教意义，所以后来的人发现任何新的贵重材料，自然就会将贵重材料用在神奇的东西上，让它更神奇。

这或许部分解释了为何中国的青铜器很少真正运用青铜硬度高的实用特性。即便看到商朝的青铜兵器，我们也不能理所当然地认定，那是在战场上打仗用的。它们有可能是在仪式中使用。

我们可以从观察分析商朝的青铜器中最普遍的鼎来了解其制造过程。鼎的形制和花纹清楚地告诉我们，中国青铜器是怎么制造出来的。中国的青铜器从商到周，除了少数例外，基本上都是用铸范的方式做出来的。青铜与陶土和陶器有着密切的关系。

先做一个器物模型，然后在模型外面做成范，一块一块接起来，将它包起来。也就是首先要用陶土烧出一个和青铜完成物一模一样的东西，然后在这个上面包覆一块一块用陶土做的范。范做好后，把它拆开，移走里面的模型，再重新组起来，变成一套中

图 4-6　商朝兵匕首图

空的范。往里浇灌青铜汁，等青铜汁冷却后，拆掉外面的范，就出现了我们所看到的青铜器。

因此，青铜器的形制当然会受到铸范法的限制。不过除了看到限制，我们更应该看到那个时代工艺技术与工艺设计发展的惊人程度。商朝的青铜器，尺寸不会很大，然而用现代的技术仔细去复原制造过程，就会发现以下几点难处：它必须先有极精密的设计。里面的模子形状必须先考虑到外面的范的筑法。范要能一块一块切开，还要能一块一块拼回去，拼出没有缺漏的样子。这个需要极精巧的思考和高超的空间思维能力，事先规划清楚什么形状和哪个角度可以做，什么形状和哪个角度不能做。

除中国之外，其他主要青铜文明制造复杂的青铜器，最终都走上了同一条道路——脱蜡法。脱蜡法不像铸范法那么复杂。蜡在高温下会熔化，所以就先用蜡做出器物的样子，在外面用泥巴包起来，然后点火，一方面将泥烧硬，一方面将蜡熔成液体，只要预留一个孔，让蜡液流出来，就成功烧出中空模子了。再把让蜡液流出的洞填起来，从另一个开口将青铜汁浇灌下去，等它冷却，变硬，打掉外面的模子，里面那个青铜器就会和原本用蜡做的器物一模一样。显然用脱蜡法做出来的形状更为丰富，也更为精确。

中国大约有一千年的时间一直用铸范法制造青铜器，没有用脱蜡法。我们可以确定，中国很早就发现了蜡，但就是没有把蜡用于制造青铜器。一种解释是：青铜器如何制造的方法和过程，与制造出来的器物结果一样重要。

青铜的炊具基本上都是从陶器形制中配合铸范法小部分调整而来的。和过去的陶器相比，这个时期的青铜器，明显多出来的形制是各式各样的酒器。这说明酿酒技术发达，而且饮酒这件事获得了过去没有的群体性意义。至于是什么意义，器物本身不说话，只好靠后来的文献记录来推测。

在后世文献中，有两种青铜酒器形制记载得很清楚，一种是角，一种是爵。爵上头有两个凸起来的小钮，其功能在《礼记》中说得很清楚，是阻止喝酒时猛力干杯的，是节制用的。如果猛力一干，这两个钮撞在脸上，会很痛。或许早在商朝，就已经有了酗酒问题及其连带产生的解决考虑。

另外，在《尚书》中有一篇《酒诰》，相传是周公对受封去统领妹邦的康叔的警惕。妹邦是商人原来居住的地区。文中反复申说：去妹邦的人绝对不会养成酗酒的习惯。“天命”之所以选择了周人，靠的就是不酗酒、不沉溺。所以周公让康叔一定不能忘了，绝对不可以到了妹邦就被当地的商人影响，失去了原本的纪律。

09

# 青铜器纹饰的含义

让我们思考一下比较特殊的器物：有一只青铜盆，盆里环绕了四条龙，更特别的地方是，它里面刻有两个像老虎的图样，张大了嘴巴，将一个人头包在中间。在一个大钺（斧头）上也刻着完全一样的图形。另外，还有几个类似变形的例子，出现在不一样的器物上。

这象征什么？要回答这个问题，让我们进一步认识一下青铜器上的纹饰。前面提过青铜器上纹饰的重要性。最主要的几种纹饰有饕餮纹、夔纹和龙纹等。几乎所有的纹饰，其源头都与动物有关，从动物的具体描绘抽象而来。例如饕餮，一下子就看到像眼睛的形象。我们可以查到的古书文献上说：饕餮指的是贪吃，饕餮[1]和大吃、肉食都有密切关系。

以此推论，前面列举的图样是在描述动物吃人吗？表面上看来挺像的。可是张光直先生做了不同的解释，给了我们更宽广的意义空间。他认为：青铜器上的纹饰彰显了一种人与动物之间的关系，并不是我们想当然的威胁关系。

张光直先生在其经典史著《美术、神话与祭祀》（*Art, Myth, and Ritual*）一书中以文献和考古巧妙且绵密的对照，主张饕餮纹所展现的是人如何借由动物进出不同世界的神话。也就是说，青铜器上的纹饰与奇特的图样是在记载并展现这些青铜器的主人所拥有的神奇力量。这种神奇力量最主要的内容是，他或他们可以和一般人认为已经不存在的人进行交流。用现代说法来说就是，商朝人可以和灵异沟通，而他们跨界沟通最重要的对象，是祖先。

通过后世文献重建商人的观念，他们似乎将世界分成两大块：一块是我们所生活的空间，另一块是去世的祖宗所存在的领域。这有点儿像在古希腊世界观中，人和奥林匹斯山诸神有所区别却又频繁互动的观念架构。上面的那个领域随时有能力，也随时可以介入并改变下面的空间。

只不过，古希腊人想象的住在奥林匹斯山上的众神往往纯粹出于任性而干预、改变人的命运。很多古希腊神话故事的重点都在

---

[1] 饕餮是中国古代神话传说中的一种神秘怪物，别名叫狍鸮，古书《山海经·北次二经》介绍其特点是：其形状如羊身人面，眼在腋下，虎齿人手。《吕氏春秋》载："周鼎著饕餮，有首无身，食人未咽，害及其身。"

于让人相信命运是无法违抗的，因为你根本不知道什么时候会发生什么事。然而，在商人的概念中，上下两个领域却有一套具体的互动秩序，最根本的互动原则就是：自家祖先保佑自家子孙，谁家的祖先在天上越有权威，他的子孙在地上就越有能力。

如何证明这两个领域的存在？又如何让别人感受到上面的领域中，商人的祖先胜过其他人的祖先，因而商人在世间也就理当占有统治地位？要达到这样的目的，一定要有两块领域之间互相沟通的证据。

依照张光直先生的说法，青铜器之所以重要，是因为它们都是礼器，都是仪式性的器物。每次动用这些青铜器，就是一件了不起的事，让所有人感知到，凭什么你们要听我的，就因为在我背后有一个超越、巨大，你们无法拥有和展示的灵异力量。

商人以夸张的规模与方式，长期反复地示范：我们商人和你们不一样，虽然大家都有祖先，可是只有我们拥有随时可以和祖先直接对话的通道。通过这些你们无从拥有的青铜神器，青铜神器上还有可以通天地、上下往返的神兽，我可以直接召唤我们的祖先，请他们降灵来协助。这就是后来周人带着点儿不屑所说的“神道设教”[1]。

张光直先生的洞见一来说明，为什么商人会耗费庞大的资源去造青铜器。二来说明，为什么青铜器都是礼器，没有实用工具。三来说明，为什么青铜器上普遍有那么复杂的纹饰，且纹饰和动物

---

[1] 这句话出自《易·观》：“观天之神道，而四时不忒，圣人以神道设教，而天下服矣。”

关系密切。四来也说明，为什么就算到了后来历史中出现了文字记录，人们还是给像鼎这样的青铜器那么高的象征地位。

更关键的，通过张光直先生的说法，我们可以合理推论商朝集中资源的运作模式。

商人掌握了巨大的威吓优势，他们可以宣称并示范，自己可以通过一个神秘巨兽张大的嘴巴前往另一个世界，将超越的力量召唤出来。于是那些没有这种通天地本事的人只能乖乖听话，乖乖地按照商人安排的方式奉献生产所得，如此造成了资源的高度集中。

10

# 夏人通过建筑技术而成为共主

商人很有可能就是靠青铜器及其通天地功能而崛起，并取夏的共主地位而代之。那么往上推，夏人又凭什么崛起，夺得最早的共主地位呢？如果单从考古遗址上看，一个很有可能的答案是——夏人发明了最有效的夯土技术。

夯土一点儿都不容易，集结那么多人，先做好版筑，将泥土担来倒进去，再反复以石具予以夯实。这不仅涉及工作技术，还涉及组织技术。一旦掌握了高超的夯土技术，就能产生很大的效果。一方面，可以筑起较高而坚实的城墙，大幅减少敌人的威胁；另一方面，可以分出城乡，也就是在地理形式上构造了集中制的条件，乡人为了取得城墙保护，就得贡献其部分生产所得，换来有敌侵扰时进城躲避的权利。

城是资源的集中地。或许夏人就是靠懂得如何筑城，进而在筑城过程中集中周围的资源，进而将夯土技术运用在盖宫殿上。宫殿有什么好处？它突出了别人无法完成的独特性。权力越大，城盖得越高，宫殿也盖得越大，于是就有越多的人附和投靠过来，寻求保护，如此产生的集中效果就越大，逐渐造就了这个地区的共主。他们拥有不被别人攻打的优势条件。

和夏人势力范围相接的商人，或许曾一度认夏人为共主，有了和夏文化频繁的接触。他们显然模仿、学习了夏人的夯土技术，但光学会夏人的本事，不足以凌驾于夏人之上。让商人脱颖而出的，最有可能的还是他们懂得设计之前从未有过的繁复仪式，以这套仪式召唤灵异力量，从而构建自身的权威。

商人对内对外都表示，他们能打胜仗，是因为有神力在背后。商人用这种方式化解别人的挑战，建构自己的共主势力。因此，到周人翦商之时，周人要挑战商人的共主地位，当然得有破解商人优势的方法。所以会有文王到周公的人文转向，特别强调天命，并有“人文化成”❶的说法出现。这显然是要否定商人的祖先优势，将重点转为如何争取抽象、普遍、共同、与任何个别祖先无涉的天命。周人不像商人一样迷信不可知的神力，提出了“天”的概念，构建了一个全新的世界观。他们用这种方式来取消商人最主要的权力来源，质疑、否定其作为共主的合法性。

从这个角度看，我们对夏、商、周三代历史就拥有了不同的理

---

❶《周易·贲卦·彖传》记载：“观乎天文，以察时变；观乎人文，以化成天下。”

解。以这种方式来理解三代，又可以和考古发掘出土的实物证据彼此呼应。虽然不能说两者百分之百契合，但至少比以前所相信的那些传说更加合理，也更加确定。

第 五 讲

# 聚落、建筑与共主更迭

01

# 最早被记录的王朝

## ——夏朝

夏朝考古的重要突破就是发现了二里头一期文化遗址。我们可以用这个遗址的发现作为风格与层位的标准，去检验其他相对而言并不明确的考古发现。若是某个遗址分布在古文献上记载的夏人和夏朝主要活动区域内，而且在风格或考古层位上接近二里头文化，就可以暂时假定为夏文明的留存，至少和夏文明有高度相似性。考古学家用这种方式来积累对夏文明的认识。

我们从这种方法找到的材料可以看出，夏人应该已经有铸造铜器的能力，然而和陶器相比，二里头出土的青铜器的数量少得可怜。和商朝青铜器相比，表面上没有什么可以辨识的纹饰。

商朝中期的青铜器，甚至部分早期青铜器都已经有了典型的动物纹饰。由此我们可以推断，商朝拥有特殊的青铜器文化，青铜器在商朝扮演了极为重要的角色。依照张光直先生的看法，青铜器甚至就是商人之所以变成共主，扩张为国家的关键。[1]

商人利用青铜器传承自陶器，能将水、火并用，将谷物转化为食物的神力想象，并巧妙地结合青铜材质、器皿功用与纹饰象征等三个元素，建立了神权统治的基础。

安阳殷墟出土的甲骨记录让我们有把握讨论商朝的神权统治，从而了解青铜器凝聚的力量。在这一点上，夏朝显然和商朝很不一样。青铜器在夏文化或夏统治结构中，没有商朝那么重要的意义。

将考古遗迹与史料拿来对比，我们确信，夏朝与夏文化绝对存在，而且夏人比商人更早就已经构造了相当复杂的组织。这个事实在历史研究中绝对值得重视。如果夏人的组织方式、组织原则不同于后来的商人，那夏人又是凭借什么优势条件从诸多部落间壮大并脱颖而出，成为最早被铭记、被文献记录的王朝？

要寻找与夏朝成立有关的线索，我们必须先整理对新石器时代聚落与居住环境的认识。

---

[1] 此处内容出自张光直，《中国青铜时代》，生活·读书·新知三联书店，2013年。

02

# 社会分化的产生与夯土技术

新石器时代后期的遗址中，出现了明显的社会分化迹象。例如在同样一个遗址，很有限的空间内，比邻存在着不同规模的墓葬。一些墓葬很小，里面没有任何陪葬品；而相隔不远处却有一个大墓，拥有数十件陪葬品。

同在一个聚落里，有些人一无所有，有些人却拥有那么多。约四千五百年前，和贫富差距一起出现的一个特殊现象是，有些墓坑为了放置大量陪葬品，特别配备了墓葬土台。这种墓通常挖得比较深，死者葬在最底下，旁边会有一块比较高的地方，专门用来放陪葬品，然后才是地面层。土台层的出现，表明人们对于向下发掘的墓葬空间，有了结构与功能区分的自觉，应该也是因为对死后的世界有了更复杂的想象。

从西安半坡与姜寨遗址复原的中国新石器时代居址形式是地下半穴居。当时的工具有限，当时的人也缺乏对于建筑物理原则的基本认识，要创造一个与原本大自然的空间不一样的居址，往下挖显然会比往上盖容易。因此，开始的时候不管是墓葬或居址，都是先往下挖出一个空间之后，有了地下空间，要加覆屋顶，高度就没那么高，难度相对也降低很多。

到了新石器时代后期，当时的人开始意识到可以在墓葬坑挖掘的形式上有所区分。我们发现，一个墓葬是否拥有土台，显然具有特殊的阶级含义乃至宗教含义。死者越富有、越重要，墓坑就越大，越有条件让他的墓葬分层。

小屯殷墟的状况也是如此，发掘出土的所有大墓都分为一层一层，不是单糟形式的一大块空间。这或许和挖坑的技术有关，一层一层往下，越下面的范围越小，比较好挖。不过，我们可以从甲骨及文献资料里看到，商人对于墓究竟有几层是很在意的。这有着特别的意义。整理商人对于单双数的偏好，只要知道这个商王的墓号与庙号，我们几乎就可以准确预测他下葬的大墓有几层土台。

在良渚文化遗址中，我们还看到进一步延伸的现象。不只是原来往下挖的墓葬分出土台，这里甚至会在墓葬附近的平地层加高堆出土台来。从土台的分布及其严格的方位安排来看，这种土台不会是居住用的，更可能是某种祭坛。就建筑方面的意义而言，这时候的人开始反其道而行之。之前要创造人为空间，一般都是往下挖，然而到了一个时间点后，换了方向，开始将地面填高。

图 5-1　用夯土技术做成的墙

将地面填高需要不同的技术条件。最主要的技术是夯土——倒上一层土，以人力使用工具把它打实。下面一层打实了之后，再铺一层土，然后再打实，一层一层堆打上去。考古出土的城墙遗物都有清清楚楚的横纹线，那就是夯土过程中留下来的。

然而要夯出高一点儿的土台、土墙，就需要另一种技术。当我们用力捶打泥土，往下打的力量除了会让土变实，也会让土往旁边跑。所以，夯土技术必须同时配备版筑的技术——用板子两边夹住，板子站稳夹牢了，才将泥土倒下去，才开始一层一层夯实。

从新石器时代的考古遗址来看，人类居住空间的突破有赖于两个条件的配合成熟。第一，拥有利用地心引力来施加重力的完备工具。缺少这样的工具，光靠双手双脚是无法有效夯土的。第二，必须要有“筑”的知识与技巧，不管“筑”的板子是以什么样的形式或材质制成，重点是要懂得如何去“筑”，让这些板子可以稳固有效地站立，供夯土之用。这两个条件具备后，人才有机会在原本平坦的地面朝上发展，而不是照原来的，朝下去创造人为的居住空间。

03

# 农业定居聚落需要建筑技术

夯土要比挖坑更辛苦，更困难。一个极为重要的现象是，约公元前2300年到公元前2000年，在几个不同的地方都出现了夯土的痕迹。夯土的痕迹，几乎在同一时期运用在三种不同的建筑形式上：一是祭坛，一是城墙，还有一处是宫室，就是大型建筑物居址的基底。这个现象说明，在文明发展过程中，人类经过漫长的试验才终于了解了夯土技术，掌握了夯土技术的各个环节。

为什么这个新技术会同时运用在三种不同的建筑形式上？我们先来了解农业、战争和掠夺之间的发展关系，才能说得清楚。

农业的出现是人类文明跨出的一大步。农业多么重要！农业彻底改变了人类主要的热量来源，从捡拾和采集坚果、水果、打猎捕鱼变成仰赖谷类作物。不过，农业对于人生存方式的改变不止于此，它还使人们产生了其他微妙却恒常的生活态度，例如人要开始播种，要等待收成，就必然密切跟随作物的生长，因此有了以往没有的对季节周期的反应。

因此，几乎在所有出现陶器、出现农业的文化中，开始看到与时间和季节有关系的种种现象。农业出现的文化中，还会有相应的对于方位的敏感。另外有一点和农产品的收获也有关。不管种植、收成的是哪种作物，总是在同一个时期成熟。所以农业产生了另外一个重要的要求，要人懂得等待，更要懂得储藏。

在新石器时代，人们依靠农业为生，那时没有那么好的农耕技术，更没有那么多品种。人们能播种、收获的作物相对有限。一年到头，大概就种一两种主要作物，因而也就习惯了依赖这几种农作物。这意味着人们对作物的变化时节高度敏感，一定要知道作物什么时候会成熟。一次采下来的收成该如何保存，这是个问题。因为一直要等到明年，季节再次循环，才能再有下一次的收获。这就是为什么我们经常会在陶器文明的遗址中，从陶器底部找到已经石化的谷类痕迹，就是因为陶器同时承担了储存谷物的功能。

农业让人等待，逼人储存，不只改变了人与自然、人与季节的关系，同时也让人与人之间的关系发生了巨大变化——农业生产的储存成了别人掠夺的对象。

我们今天讲到农业，讲到乡村、田园，讲到人与土地之间的关系，产生的基本想象常常是：多么淳朴和平！农夫朴实平和，商人却奸诈好斗，这是我们一贯的刻板印象。然而，若是从历史的角度来看，农业一旦在一个地方开始生根，变成主要的生活方式，那个地方必然随之出现激烈的斗争。

斗争的动机很简单，任何一个农业聚落都必须储存，自己储存谷物时也就能想象别人也在储存，难免浮现强烈的诱惑：我为什么要这么辛苦？既然别人也储存粮食，那么把他们储存的粮食抢过来不就好了吗？

还有一件事不能忽略，早期农业在缺乏灌溉基础的情况下，影响农业生产的变量很多，即使环境类似，附近的聚落的农业可能有完全不同的命运。这个聚落今年大丰收，可能五公里之外的一个聚落却什么东西都收不到。在这种情况下，聚落与聚落间的关系势必紧张。

临潼姜寨的遗址说明，那个时候的防御是往下挖壕沟，这防止动物侵犯没有问题。但是，地下的壕沟已经渐渐被站立的土墙所替代，会使用工具的人类就没那么有把握了。农业发展连带产生了激烈的掠夺与斗争，不只是在中国，在世界各个不同的新石器时代文化都能看到。这样的关系变动，必然迫使社会组织进行大幅调整。

04

# 聚落竞争与城墙修建

当年人类学家摩尔根，还有受摩尔根影响的马克思和恩格斯谈到原始社会时，将农业出现之后的社会阶段归纳为奴隶制社会，是有其道理的。农业时代战争起因于掠夺别人的农业剩余产品，那是别人赖以存活一整年的存粮。存粮被夺走了，人也就活不下去，所以抢夺与保卫必定是殊死战。

从甲骨文的记录里，我们还可以看到，初期的战争往往是很恐怖的毁灭战，赢的一方将谷物抢走，同时杀光输的一方。然而，在战争、掠夺、屠杀的行为中，人逐渐学到，掠夺一个部落，除了农产储存、剩余农产品之外，还有另外一项更有用的储存，那就是人力。

费很大力气，冒很大危险，杀很多人，抢到那些谷物，划得来吗？这些谷物明年就没有了，不是吗？为何不换成不同的目标？不只抢东西，还要抢人。去掠夺一个部落的时候，最有用的东西其实是人，是明年、后年还可以从地里种出谷物来的劳动力。这些劳动力就是别的聚落的人。

斗争刺激了相关的激烈竞争。首先，要竞争彼此之间的武器，能掌握塑造较高硬度武器技术的部落，当然就较有机会战胜旁边的聚落或部落。

其次，要牵涉人数的竞争。中国传统格言有“人多好办事”，在原始的环境中尤其如此。哪个聚落可以掌握较多人，通常就有较好的条件去征服、侵略人口比较少的聚落。让自己的聚落成长最快捷的方式，就是将征服来的人纳入组织系统里，但要让他们乖乖听话，“为人民服务”。

战争掠夺产生的效果是使得在原始共产社会中各个原本自给自足的部落，开始出现阶级分化。有一部分部落变成奴隶，生产出来的东西不是自己可以控制和享用的，而是被管制和统辖的主人拿走，集中在主人那里。

夯土最需要什么？需要高度密集的人力。从公元前 2300 年到公元前 2000 年，为什么出现大量夯土遗迹？最合理的解释应该是，这时出现了大量被压迫的人力。在原有的正常安排下，人力主要耗费在自给自足的生产上，不可能挪出这么多可以承担夯土工程的人力。

再来看，为什么需要夯土？夯土的重要动机之一是筑城，以预防别人的武力抢夺。因此，这两件事情显然是相互循环、彼此加强的。战争、掠夺的结果使得部分聚落——较大型或是较早取得武器优势的聚落——可以去掠夺其他聚落的农业资源与人力。这些被掳来的人力用来夯土筑城墙，城墙筑好之后，这个聚落就有更安全的保护，不受别人侵夺。所以这个时期在黄河中游地区，差不多是山西龙山文化这一带，便开始大量出现与城墙有关的考古证据。

这个时期有几个代表性的出土遗址。王城岗发现了完整的城墙，其尺度几乎和平粮台发掘出来的城墙基址完全一样。我们可以推测，在这个时期，因应逐渐激化的战争与掠夺情况，一个有力的聚落会有一个合理或最具优势的大小规模——聚落中要有足够多的人来进行侵略，并有效地筑起城墙来保护自己，让人能住进城里。

不过，随着筑城技术的进步，城的规模也越来越大。到了公元前15世纪（商朝中期）的郑州商城，商人已经能筑起一个两公里见方的城墙，城外还有郭和壕沟（外城和外壕）。

05

# 夯土技术与宫室建筑

我们还要进一步追究：中国的城究竟如何一步步扩大的？

夯土技术发展的同时，宫室建筑开始出现。新石器时代典型的地下半穴居，柱子可以直接立在泥土上，因为高度不高，还不至于歪斜倒塌。从半穴居变成夯土高台居，是因为如果不挖半穴式坑洞，直接在平地上盖房子，那么柱子的高度要加倍，光是立在原先的泥地上，是立不稳的。解决的办法，是先夯土打出密实的土台，让柱子卡在夯土柱洞里，这样才会牢靠。

盘龙城是中国考古学上一个大大的谜，因为它的位置不在传统文献记录的商人统治范围内，而且它有一座完整但规模奇小的城墙。这座城小到城内只容纳了两间大房子。

这座城的位置那么靠南，而且又只有这么大，显然不会是一

图 5-2　湖北盘龙城遗址复原图

个聚落居址，目前一般猜测那是商人往南边发展的一个军事据点。盘龙城的遗址有夯土，好让柱子打深，有一定的深度才能有相应的高度，不然屋顶的重量压在柱子上会吃不住。夯土最重要的作用，就是让柱子可以深入底下，先立好柱子再继续夯土，每一层夯上去的土就紧紧将柱子夹住，房子才能盖高，也才能支撑宽广、复杂的屋顶结构。

二里头一号宫殿是目前为止得到大部分考古学家认可的夏朝遗址，也是现在发现最早、最完整的一块夯土宫室遗址。从斜坡台阶到每个柱洞分布的状态，配合周朝古籍记载，可以大致还原出宫室模样。我们发现夏朝宫殿建筑的方式和后来周朝留下的文献记载，基本上没有太大的出入，让我们很容易就能清楚解读考古平

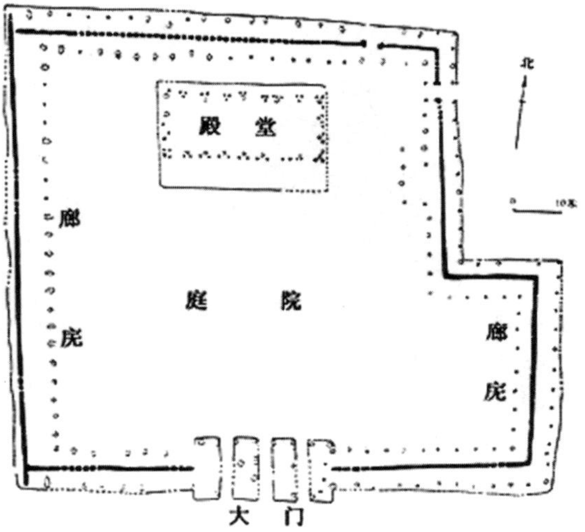


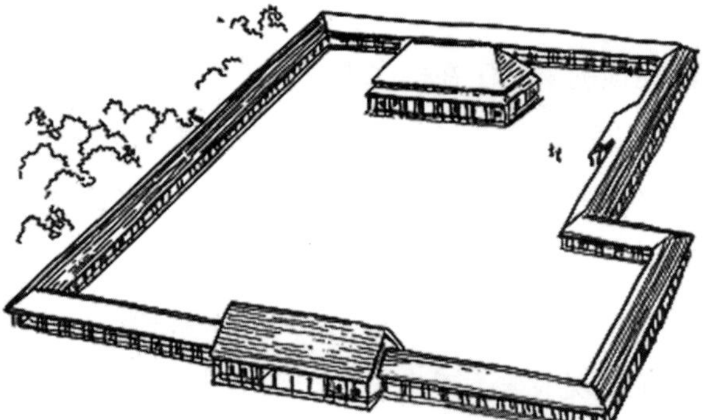

图 5-3　二里头一号宫殿平面图

图 5-4　二里头遗址一号宫殿基址

图 5-5　二里头遗址一号宫殿基址复原图

面图上的意义，画出比较可信的还原图。这显示了在建筑形式上，从夏到周的传承关系。

传统中国建筑有一种特别的模式，称为“堂间建筑”，现在反而是在日本保存得最完整。堂间建筑最大的特色在于，建筑的重量靠复杂的屋顶结构和梁柱来承担，相对而言，墙壁完全不承重。一套完整的梁柱结构就撑起一块空间，那就是“堂”，建筑由这样一个个堂组合起来，所以是堂间。

三十三间堂是日本京都一处有名的观光景点，名字就说明了其建筑上引人注意的重点。那是由三十三间堂一字排开形成的长屋。因为墙都不承重，所以三十三间房的空间可以全部打通，连续展开。堂间建筑不只是隔间不承重，外面的墙也通通没有承重功能。所以日本的传统建筑，都可以将所有的墙拆下来，彻体通透。建筑与庭院之间，可以完全没有墙壁隔绝，人坐在屋内廊下，就直接面对庭院，产生了特殊的空间美学。那样的堂间建筑才塑造了今天日本的和式风格。在中国的堂间建筑和日本的和式建筑里，西方建筑概念中的墙都是可以拆掉的。

这种建筑原则竟然可以远溯到夏朝。堂间建筑样式和夯土有关，就是靠夯土将柱子牢牢夯进一层层坚实的土里，柱子才有办法承受那么大的重量，因而不需靠墙来承担。如果不是配合夯土来立柱子，如果柱子承重有限，我们可以想见这个文明的发展，一定很快就会动起让墙来承重的念头了。

这种宫室建筑样式从夏朝开始一脉相承，持续发展，到了小屯挖出的遗址，我们看到夯土层上留的柱洞有复杂的排列，而且深浅不一，显然借由立起粗细不同、高矮不同的柱子，建筑物的表面与内部空间，已经可以有各种变化了。再下来，宫室就从原来的一间变成了宫室群。小屯就曾出土一批宫室群，所有的宫室空间连成面积惊人的一大片宫室群。

周朝的建筑风格和夏、商二朝没有显著的差异。比较有意思的是，从西周考古遗址，我们就已经看到后来延续两千年之久的中国宫室建筑标准的空间安排，包括其方位走向，各个建筑主体联络，转弯的方式，以及所围出来的空间形状。这套规范最晚到西周就已告确立。

中国的宫室建筑从夏朝开始奠定基础，有些根本元素一直没有发生巨大改变。从出土的门轴石，我们确认当时已经有门，而且不是推拉门，是有门轴的转动门。那时也有完整的承溜[1]设计用来排放雨水。

---

[1] 承溜，屋檐下承接雨水的槽，亦称“承霤”“承落”。《礼记·檀弓上》记有“池视重霤”。

06

## 宫室建筑的神圣性

不过有一些东西后来改变了，消失了。夏、商宫室建筑中，一般都有奠基坑或是奠基石。在许多宫室遗址里，都能看到类似的现象。扶风出土的奠基坑比较人道，里面埋有大约四十条狗。郑州商城有一个奠基坑是最恐怖的——许多与商朝有关的现象都很恐怖——里面埋了四个人，年龄大概是从15岁到22岁。据后来的研究推论，这些人绝对不是死后被埋进去的。把活人埋进奠基坑，有其特殊的意义与功能。

从宫室建筑中的奠基坑，我们了解到，在那个时代，夯土的进行应该带有某种宗教上的神秘意义。伴随着夯土的进行有特殊的仪式，而且显然是需要用到“殉”的仪式，需要以生命为献。

郑州商城的奠基坑就是用了人殉。甲骨文有很多关于人殉的记录，数量最多的一次人殉涉及两千人。商人那么大手笔，可以一次以两千人为殉。我们不敢说商人真的那么残酷，但我们确知夯土会用到人殉的仪式。

农业发展、工具精进带来这个循环：通过战争和掠夺，把别的聚落的人抢回来；有了足够多的人，就可以筑墙；筑了墙，就可以有效保护自己，别人无法来攻击我，我可以更无忌惮，去侵夺更多的聚落，绑来更大量的人力，做更多的事。维持这个循环，涉及一个关键因素，就是能从奴隶身上榨取劳动力，能有效管理奴隶。

在这个脉络下，奠基坑的现象就比较容易说明了。奠基坑是对实际执行夯土工程的奴隶巨大且实质的恐吓，以死相吓。它显示了奴隶主夺取奴隶生命的权力：你们的生命控制在我手中，你们乖乖筑城才能活下去。

这就部分解释了为什么要有祭坛，以及为何夯土也运用在祭坛上。因为祭坛——如果就商朝的例证来看——最重要的是祭自己的祖先，祭自己祖先最重要的就是要展示：我能打赢你，你该听我的。我们之间谁强谁弱，是由超越的力量决定的，是在另一个领域中，我的祖先比你的祖先强——我比你强，已经证明了这一点——那你就不要妄想有一天，你有机会可以拿我怎么样。

夯土必须运用庞大的人力。人力来源和奴隶掠夺有关，因此，夯土也就具备了强烈的社会阶层区分的意义。祭坛援引祖先的超越权威，展现给筑坛的奴隶看，作为让他们驯服的重要手段。宫室建筑也不只是有财有权的人要提高自己的生活水平，而是也有强烈的炫耀、威吓的意义。宫室建筑必然是稀有的，又必然是很难建造的。

出土的宫室建筑基址几乎都是方正的，中国人很早就注重方位，因为方位牵涉祭坛的一个功能——授时。授时是一种与农业有关的季节观察推衍，作用在于估计农作物播种和收成的最佳时间。要能授时，真正依赖的不是祖先降乩，而是通过方位观念掌握季节变化。

中国古代有官员专门负责方位之事。商朝迟至武丁之后，朝廷里有专门管方位的人。要测出精确的方位，在上面立起严格的几何形状建筑，难度很高。而且宫室建筑要有很严密的夯土基础，才能让柱子立起来，柱洞可以在地底留存几千年，至今出土时仍然清楚明白，可以想见其工程的严谨程度。而且，我们可以从出土柱洞还原出当时柱子惊人的承重能力。

这一切都是为了让宫室建筑与一般的建筑拉开距离，二者之间能有一段可望而不可即的距离。

07

# 大型聚落与城墙林立

我们用以上篇幅铺陈了这样的脉络，让我们再回头谈谈城墙。一旦有能力进行夯土，有能力筑夯土墙，可以给自己的聚落带来较高的安全保障。不过夯土墙也就隔出了非常清楚的聚落界线。古籍里其实留了很多线索，只是过去缺乏考古资料的提示与佐证，前人就很难沿着线索复原古代原貌。

譬如“邑”这个字，在古文献中颇为常见，许多古地名都有这个字。与夏朝关系密切的地名多有“邑”字，例如安邑、西邑夏。后来周人称商人，一度用的是“大邑商”，此时周国力衰弱，必须讨好商人。“大邑商”显然是敬辞。

“邑”指的是聚落。《论语·公冶长》里有“十室之邑”的说法，邑不会是个大单位，它不过是居住的小区单位。不过《周礼》

中有关于“邑”和“都”的区别，有王和王室，叫作“都”，没有的就叫作“邑”。显然“邑”和“都”有相似之处，只在是否有王室居住来做区别。

《尔雅》中有一句“邑曰筑，都曰城”。过去从字面上讲来讲去，都很牵强，很难明白。今天配合考古发现，才变得清楚可解了。我们有理由相信，《尔雅》留下来的是比较久远的说法，这六个字讲的是：要成邑，一定先要筑。筑是夯土的配备，换句话说，先筑了夯土墙，才能够成邑。若是要构成一个更大的王都，那么墙的规格要求就更高，需有完整的城。

为什么要特别注意这个“邑”字呢？因为过去我们想象的古代中国，尤其是夏、商、周三代，一般都援用后来的情况，把它想象为众多乡村聚落散布各地，再由一个巨大的中央朝廷来统治。可是考古遗迹越来越明白地显示，夏、商、周三代的聚落居住形式，发现城墙的比例远超过这样的想象。依照目前考古得到的资料和证据，三代应该存在着城墙林立的特殊景观。

在战争和农业掠夺的快速变动环境中，原来分布在黄河流域到长江以北这片区域的众多部落，在几百年间因应调整着。大部分聚落必须扩大到可以筑城的规模，才有办法继续生存。无法筑城自保的聚落，很可能被抓走，去帮别人筑城了。

这是一个普遍城墙化的时代，或者用苏秉琦先生的说法，是一个方国形成的时代。❶原先分散的聚落现在一一造起城墙，形成一

---

❶ 此处内容见苏秉琦，《中国文明起源新探》，辽宁人民出版社，2009 年。

个个方国。松散、众多的聚落，开始进行集中组合。

依照古籍的提示，大约从夏朝开始，中国的聚落组织形式有了大幅度改变，幅度最大、最重要的改变是出现了以城为中心的较大型聚落，进而构成较大型的区域单位。新石器时代中晚期的聚落形式是满天星斗式的，那是中国文明起源的基本形式。依照宋镇豪先生的计算，上古时期这块地域的人口，夏朝时大概二百多万人，商朝时大概五百万人。[1]他是以几个比较完整的新石器时代的遗址，例如半坡、姜寨等为基准，按照一个人约占一百六十平方米的分布空间标准来推算的。

让我们如此假设，这块区域在夏朝之前约有一百万人，分散在类似半坡、姜寨的聚落里。每个聚落平均有两百个居民左右，那就要有五千个聚落分散其间。夏朝的出现也是中国国家的出现，促成了地理上的巨大变动。一个只有两百人的聚落，没有能力筑城，不可能保卫自己。农业兴起之后，在战争与掠夺的环境中，他们必须开始集中。

假设这边有一个聚落吞灭了相邻的聚落，借掠夺来的人力，有办法筑起一个城来。别的聚落害怕了，或许就选择过来依附，取得住进城内获得保护的权利，于是这个城就越变越大。类似的状况在各地发生，聚落的数量大减，分布形态也变成以城为中心的点状分布，每个城外围有一片不确定的空间，残留着一些没有加入别人，也没有被征服的聚落，他们和邻近不同的几个城，都维持友善

[1] 此处内容见宋镇豪，《夏商社会生活史》，中国社会科学出版社，1994年。

和平的关系。

这样的新模式促进了各种新石器文化间的联络与影响，但也产生了高度紧张与高度竞争的互动。或许就在这种状况下，出现了三个规模最大的系统（夏、商、周），它们的宫室盖得最大，城墙盖得最高，能掌握的人力最多。

08

# “国”

## ——城墙内外的分别

中国国家组织应该是如此起源的。起源时的一些元素一路传留，一直到春秋战国时期，写入了现在还能看到的众多古籍中。刚刚提到了“邑”，在春秋战国的文献中，还有一个更重要的字，是“国”。这个字也是长期被误解的。我们太习惯“国”就是国家，一个主要的政治单位名称，比如晋国、楚国和燕国的“国”，因而忽略了这个字的原意。

经过考古资料的提示，我们现在明白，“国”最早是为区分城里的人和城外的人而产生的。

到了孟子的时代，还有“国人皆曰可杀”的用法（《孟子·梁惠王下》)。“国人皆曰可杀”翻成现代白话文，我们自然会觉得是“全中国的人都说应该要杀某某”，然而这样想当然的翻法却错失了当时的原意。今天讲的“国人”，和那个时候讲的“国人”大有区别。孟子的说法里，“国人”仍然是一种身份，而不是一种泛称。

“国”这个字，是从城内城外分野的本意开始，慢慢扩大其意义的。国指的是方国，是一个个以城为核心的地方。譬如宋是从被称为“宋”的这座城为中心，而宋这座城是商遗民被移过去而定居设立的城，先从城开始，然后由城的内外范围而有了国。属于宋城的人是宋的国人，有别于外面的野人，再衍生才有由宋的国人所构成的宋国。宋国扩张了，国的指涉意义进而超越了城，才比较接近我们今天理解的国家疆域的意义。

秦灭六国统一天下，因为秦是从封建制的国的基础上建立起来的，秦国统辖范围扩大到原有的周天下，于是国又取得更大的意义，和朝、朝代的指涉越来越接近，乃至重叠。

厘清“国”字含义后来的扩展变化，还原其原本和城市、城市生活息息相关的本意，重新用城市生活的角度整理古文献中的国，我们可以读出许多不一样的有趣信息。我们会发现，城墙、城市生活在古代中国扮演了多么重要的角色。

09

# 氏族

## —— 全新的组织形式

在中国古代文明的起源过程中，曾有这样一个夯土时期。夯土时期与夯土的变化就是我们追溯夏朝的重要线索。依照考古资料给我们的提示，夏之所以成为最早的共主，变成中国的第一个朝代，是因为夏人最早在夯土技术、筑城与宫室修筑的技术上取得了巨大突破。

那么会盖城墙，那么会盖宫室，当然就有很大的本事去掠夺别人，也有优势的条件将掠夺来的人力，利用种种威吓让他们臣服。依照这个看法，夏商关系最可能产生的冲突，就来自夏朝后期，因为某些未能确知的因素，有可能来自本身文明传承的发明和突破，当然也有可能来自偷取了夏人的技术，商人的筑城技术大幅成长。

商人筑城技术的成长反映在早商的历史上，商人多次迁都，就是一次又一次换筑新的城池。商人取得了夏人原来奠定国家基础最重要的法宝，可以对抗夏人。不过一时之间，商人还无法打败夏人，真正超越夏人的势力，要等到下一阶段，商人掌握了一项夏人不曾有过的文明手段——一套精细而复杂的宗教信仰，以及一套如何展示其宗教信仰，突显信仰威力的方法。这部分发展就牵涉文字的发明与使用。这是对比夏文化与商文化，可以看出的巨大落差。

将文字作为一种符号概念，考古上找到过许多“前文字”或“准文字”的迹象。例如，西安半坡的陶器上开始有各种刻画，到了马家窑文化出现类似后来甲骨文上使用的一套计数（数字的刻画）系统，也是刻画在陶器上。我们尚未确定这两种计数系统间的关系。

可惜，考古上还找不到甲骨文的前身。甲骨文是相当成熟的文字系统，照理说应该有颇长的演进过程。别的地方都看不到甲骨文的前身，让我们怀疑这些过程遗留可能都随着早商文化层压在黄河沉积土底下了。如果是那样，我们就有更强烈的理由将文字划归为商人的特殊发明，或许很长一段时间内，只在商人文化圈中进行试验。

还好已经出土的甲骨文字数量很多，可以提供对于中国文字起源的很多思考路径。例如从整理甲骨文，我们得到对中国文字的一个明确的认知和理解是，中国文字应该是从氏族名称、氏族标示性质发源的。甲骨文中有很多这类的字，金文中更多。

从商朝铜器上拓下来的金文，表现出两个共同特色：第一，保留了高度的图画性，像是亚丑氏族的族徽；第二，这些符号印记几乎都与家族、氏族有关系。

文字和氏族是怎样联系上的？一旦开始筑城，有了前面解释的筑城带来的社会组织分化，那么一件重要的事就是分辨城里的人和城外的人，此外也要分辨城里的一般人、有权力的人和没有权力的奴隶。最重大的分别标准是血缘。最根本的分别方式是显现血缘身份与血缘关系。

什么样的人可以作为“国人”住在城里？通常要靠氏族身份来决定。因此，氏族标示非常重要。大部分的城里大致会分出一个主要的氏族，这个主要的氏族据有城内的宫室建筑。如果一座城内有超过两个不同的主要氏族，那么通常就会反映在宫室建筑分布上。西安半坡与临潼姜寨可能是不同的血缘群聚居一地。几个不同的房屋群面向中间一块空地，占据不同方位的宫室有不同的氏族含义。

借由氏族，中国开始实行一种有了城墙之后的新组织模式。讲究彼此的血缘关系，用来确定城墙应该保护谁。血缘关系和城的居住形态、模式结合在一起，就产生了一个效果：城是氏族的中心，氏族血缘随着婚姻生殖扩张时，就连带产生了相关联的地理扩张。原初、核心氏族成员住在城里面，血缘上比较遥远的，在城里住不下去，就住在城边，再远的就只能住到城外了，如此一圈一圈向外。

古籍里明白分辨：墙以内是“城”，墙外面叫作“野”，“野”的外面，叫作“林”，“林”之外呢？叫作“郁”。这个系统一方面是地理、空间的系统，一方面也是氏族的系统，空间远近同时代表氏族关系的远近。

中国很早就发现、建立起了一种文化习惯，让地理空间与血缘架构——血缘的想象空间——重叠在同一个组织之中。显然这样的组织有其简洁、方便、有效之处，所以就留下来，而且普遍被袭用了。不过，将这种组织方式发挥得淋漓尽致的，不是夏人、商人，而是最西边的周人。

10

# 夏、商、周的共主更迭

我们可以用一条新的脉络来看待夏、商、周。原先的时间纵轴关系必须加入不同空间分布的关系。从约公元前 2000 年到约公元前 1000 年，这一千年间，夏、商、周之间的确发生了共主更迭的变化，然而三种文化在这个时期内有很长时间是重叠并存的。

这三个民族后来会被文献描述为中国起源的三代，主要因为各有本事。在那一千年中，这三个民族、文化处于竞争状态，拉锯竞逐究竟谁能用更有效的方式组织更多人口，获取更多资源。就是在这种竞争状态下，夏、商、周各有所长，而他们发挥的长处，不只让他们得到共主地位，还留存了很长时间，变成后来中国文明的基础。

夏人最有可能的重大突破是将夯土技术用于兴建城墙，改造了中国新石器时代聚落的形式，让它变成以城为中心，向外放射，重新编组人口分布为城间、城邦关系。

商人基本上是一个鬼神民族，他们擅长运用人所不能理解的现象进行恐吓，将许多不同的氏族收编。掌握鬼神现象，要追求超越力量对人间的介入，所以才有了那样的青铜器，也才有了文字。文字与占卜关系密切，文字本身就是神力的媒介。

周人则是在夏人发动的城邦改革过程中，最早或最有效地将地理空间和氏族血缘原则联系在一起，巧妙运用氏族组织力量罗致人才。周人最后为什么能够翦商，取商人的共主地位而代之，很大一个因素源于商的“祖甲改革”❶。

传统上，商人相信祖先是现实世界的真正主宰者，祖先构成了一个外于现实却能操控现实的鬼神世界。不过，这个鬼神世界究竟长什么样子，谁在里面谁不在里面，本来是很复杂而混乱的。混乱有混乱的好处，让人有自由解释鬼神世界的空间，今天我要攻打你，当然说你的祖先不在我的祖先的神灵领域里，所以我一定会打赢你；明天我想跟你和解了，就可以改口说你们家的鬼也可以和我们家的鬼共处，你们家的鬼和我们家的鬼，其实在“那里”感情也挺好的。

这样的空间被祖甲改革缩小了。祖甲改革的重点就是建立一

❶ 商王祖甲，亦称且甲、帝甲，商王武丁之子，商王祖庚之弟，商朝第25任君主，《今本竹书纪年》称他在位33年。祖甲即位后，创造了“周祭”之法，使殷人的祭祀系统更为严密规范，因此盛行于商代后半期。

个鬼神系谱，只有这几个祖先是被承认的，确定下来之后不能轻易再改，变成了一个封闭系统。这就和周人的氏族组织原则形成了强烈对比。追索自己的亲戚、亲族关系，只要追得够远够广，几乎可以将所有人都纳进来。周朝靠复杂的亲缘、联姻、亲族关系构筑了一套极有弹性的伙伴系统。

祖甲改革后，商人的对外态度是：你们家的鬼都不能进到我们这里，我们不承认你。周人的对外态度却是：算来算去我们都可以算作兄弟，兄弟之间什么都好谈。商、周之际的变化，其实就是这两种态度造成的势力消长。事实证明，周人赢了。周人赢了之后，进一步将氏族组织确立为封建制，于是就奠定了中国后来的家族系统与家族制度。

夏、商、周三代离我们很远，中间必定隔绝许多后来造成的误解。借由考古资料的协助，我们尽量排除这些误解，发现三代还是有意义的，不需要像疑古派那样彻底推翻三代的意义，甚至直接否定三代的存在。三代确实留下了许多宝贵的文明遗产，至今仍然影响着中国社会的习惯和信念。

我们不该再沿用一种静态的中国文明观，总以为中国文明一开始就这样流传至今，而要探索、知道这个过程中有很多变化，有很多有趣的互动。例如夏、商、周的竞争与两次改朝换代之际的变化绝对是历史研究的大题目。可惜，我们今天对于夏、商之际仍然了解得很少。但我们对于商周之际，已经有了很丰富的知识。

第 六 讲

# 中国古代文字与古代信仰

01

# 文字系统的发明

文字与文明发展关系密切。人类文明的起源，不见得非要有文字不可，可是文明要能积累，要能加快变化，就要靠文字了。我们不能用今天的概念去想象新石器时代变化的速度。一件事情要传播并发挥影响，耗费的不是一两年，不是十年、二十年，甚至不是五十年、一百年，而是动不动就五百年、一千年。

人类文明逐渐加速，变化的时间尺度逐渐缩小，关键就在于文字的出现。文字使得积累和记录成为可能。很多东西过去必须在不同地方被重复发明，例如大部分原初文明都懂得运用轮子。可是，轮子在各个文明中几乎都是被独立发明的，同样的发明程序被重复了几百次、几千次。每一件事都是从试验、错误中做出来的，要不然只能借由人的移居被缓慢地传播出去。

还不只如此。发明过的东西也很容易就被遗忘了，不能保证一定会被传到后代。很多重复发明是发生在同一个社会的代与代之间的。

文字的出现改变了这种情况。文字作为一种记录工具，本身也慢慢在发展，越变越有用，越变越复杂，复杂有用的文字才能承载复杂有用的信息。人类文明借由文字的发明与运用才进入另一个阶段。只要在同一个文字圈，前代乃至别人的发明一旦以文字加以记录，就可以传下来，借文字记录学习，省掉了重复发明的大量精力，也让文化传播得更快。

不过，文字的发明有其特殊限制。文字是一套共享的符号系统，必须要发明符号，而且这些符号的对应意义要让大家普遍接受并认同。在自然的状态下，不会有两个人刚好发明出一模一样的符号。然而文字要发挥功能，却一定要大家都同意，有内在默契和共识。如果每个人都有自己的符号系统，那就不是文字，因为那样就没有办法将你自己的经验记载下来让别人了解，更无法让后来的人了解。

古文明发展出文字系统后，大多很快就采取表音的原则，形成了表音文字。到新石器时代早期，人类就有了语言突破，懂得如何使用声音来代表意义。语言是先出现的沟通工具，然后人类才开始试验文字记号的系统。语言是声音的，依赖的是听觉，文字依赖的则是视觉。这两种不同的沟通系统，在一个时期内重叠发展，自然会交杂在一起，让文字符号能够代表语言，代表声音。

最有名的埃及象形文字看起来像图画一样，甚至比早期中文更

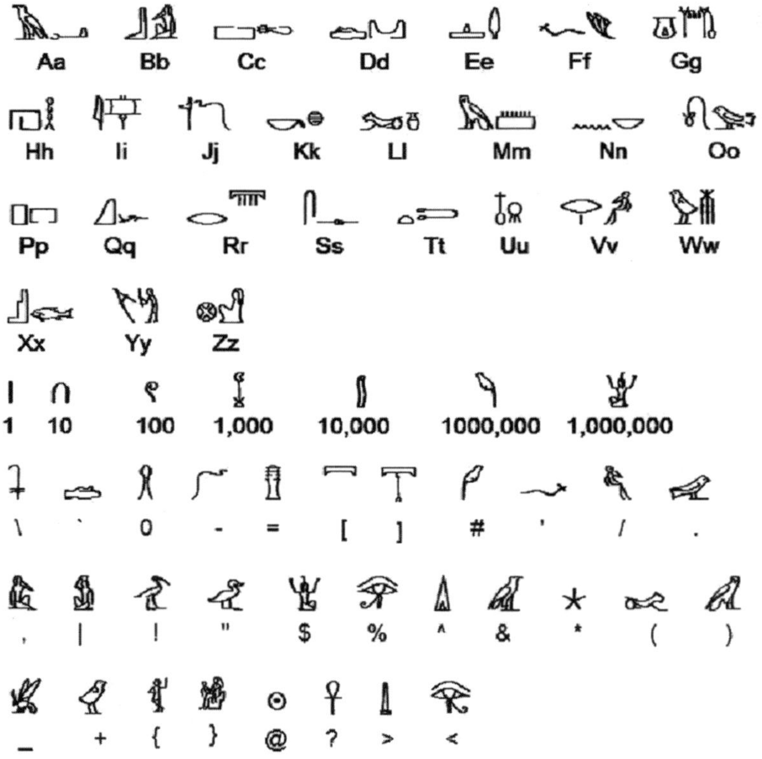


图 6-1　古埃及象形文字对照表

接近图画。可是埃及的象形文字却不是以图画、图像来直接表达意义的。法国学者商博良（Champollion）解读出埃及象形文字，关键就在于他通过罗塞塔石碑（Rosetta Stone）——上面刻了一篇文告，用埃及象形文字、埃及草书和古希腊文三种文字刻写同样的内容，可以彼此对照——加上他对近东多种语言的深入认识和了解，耐心地查考对比，终于做出一张对照表。

对照表显现的，就是每个象形符号都代表一个声音。这些漂亮、精巧的图画仍然不是字母，但确实是表音的符号。

美洲的玛雅文化有没有文字系统？到现在还是一个谜。玛雅文化中有很多图像和图形。张光直先生曾和一位研究美洲玛雅文化的考古学者共同写过一篇论文，比较玛雅的图纹和中国商朝青铜器纹饰之间的异同。[1]或许那是类似纹饰的东西，但没有人能否认那一定不是某种原始的图像文字。

---

[1] 此处内容见张光直，《中国古代文明的环太平洋的底层》，收于《中国考古学论文集》，生活·读书·新知三联书店，2013年。

02

# 中国古代文字的特殊功能

在这样的背景下来看中国古文字，那可真是神奇！照理讲，在历史学的规范中，应该尽量避免问负面的问题。我们努力解释发生的事，却不能问："这为什么没发生？那为什么没出现？"负面问题很难被检验，也就很容易沦为天马行空的随意乱谈。然而，在文字发展上，中国文字几乎是唯一的例外。而别的文字有非常清楚的脉络与发展通则，我们不能不破例问一下：为什么中国文字没有走向单纯表音的道路？

一般在没有其他强大力量介入干扰的情况下，人类文明在语言和文字关系上很容易以后出现的文字符号来表达先存在的语言。那么，我们必须如此假设：在中国，应该有一个强大的力量冲击，阻挡了它和其他文明走同一条道路。

中国文字为何如此独特？这要从起源上去探究。说起来很难想象，我们今天能掌握的中国文字的资料，比起一百年前的人多了百倍甚至千倍。这些资料绝对不是这一百年来发明的，而是很早就出现过，但后来被沉埋了。

目前能有把握解读的古文字系统，只有一个文明，只有一个社会，其文字系统没有走表音的路线，那就是中国古文字。其他不完全表音的文字系统，几乎都和中国的文字系统有关系，像日文和文字改革之前的韩文，其非表音的记号，都是来自中国的汉字。除此之外，其他文字系统基本都是表音的。

我们可以想象埃及文字的转变。刚开始，文字从图画中脱胎出来。大家看得懂图形摹写的东西，知道图案的意思。可是，用具体方式来表达，一定会碰到两个麻烦：第一，世界上要表达的东西那么多，如果用刻画的，那得画多少不同的符号？第二，有很多东西没有具体的形象，怎么画？面对这两大困难，埃及人发现比较有效的方式是让“人”的图像同时代表语言中“人”的发音，让“鸟”的图像同时代表语言中“鸟”的发音。图像和语言如此配合，其作用范围就大大扩张了。看到符号，就念出那个音，这样，有限的几个符号就能代表并记录所有的语言内容了。

理解几千年来的中国文明，不能不考虑中国文字的作用。中国的文字系统在教育和训练上，远比大部分文字系统难，必须投入长久的时间反复练习，才能掌握。如此一来，就使得这套文字系统很早就具备了比其他文明的文字更明确也更强烈的阶级划分意义。也就是说，识字或不识字，这个差距在中国更大。也正因此，你必须是社会有钱有闲的既得利益阶级，才有机会去学习一套复杂的文字系统。既然只有少数人能拥有，少数人必然要扩张自己身上的这种文字特权。所以，长期以来，中国社会对文字的尊敬远比其他文明深刻，也在文字上附加了最多、最丰富的意义。

例如，台湾地区的客家庄还保留了几座“敬字亭”，那就是源自尊敬、崇拜文字的态度，因而规定写有文字的东西，不能随便丢掉，要拿到敬字亭去烧。写有文字的东西有一种无法言明的神力，不能随便将之丢弃。敬字亭的基本信念当然也关乎对书的崇敬，乃至对读书人的崇敬。

正因如此，更让人难以置信：对文字传统如此尊敬的一个社会，其古老文字起源最重要的宝藏，竟然被遗忘、埋藏了几千年，以至于到它重见天日时，几乎没有人认识那是什么。这被遗忘、被埋藏了的，就是甲骨文。

目前出土编录的甲骨文，大概是在公元前 17 世纪到公元前 12 世纪时使用并书写下来的。大部分甲骨文都是从安阳殷墟出土的，其断代时间从盘庚迁殷开始，确定是在约公元前 1700 年直到公元前 1100 年，商朝王室使用的文字。出土并刻有文字的甲骨片数量庞大，到目前为止已有超过十万片，不过其中有很多是碎片。

《甲骨文合集》中涵纳了四万多片甲骨的刻字，整理出四千多个不同的字。[1] 其中借由参考《说文解字》等传统字书，加上对比

---

[1] 由郭沫若任主编，胡厚宣任总编辑，中国社会科学院历史研究所《甲骨文合集》编辑组编纂的《甲骨文合集》(1979—1983)，共选录甲骨 41956 片。

各种古代文献及青铜器上的金文，目前大概只辨识出了两千个字。这大约两千个字在甲骨文中出现，后来进入中文系统里。换句话说，还有两千多个字没有进来，后来失传了。这约两千个可以被辨识的字，就是我们今天对于公元前 1700 年到公元前 1100 年那个时代的人最直接的认识。

甲骨文是理解中国文字起源及其发展变化最重要的宝藏。不过，研究甲骨文有其困扰与困境。第一个困扰是甲骨文毕竟还不够原始，其文字符号及使用方式应该已经有很长远的发展过程了。所以，我们必须另眼看待甲骨文，那是中国文字开始的结束，而不是开始的开始。那是一套初始的文字发展到最高峰的结果。我们利用这套结果呈现，得以设想并探问：到底是以什么样的力量、费了多少时间，到了公元前 17 世纪发展出这样的甲骨文系统来？

保守估计，总要五百年、一千年，才有可能让一个文字系统发展到拥有大约四千五百个各式各样不同的字吧！这四千五百个字到底怎么来的？我们原来以为甲骨文是中国文字的起源，只要解读了甲骨文，就能明白中国田猎时期的文字组构方式。结果却不是这样。我们明白了，殷墟甲骨文绝非草创期的文字，我们必须继续祈祷，将来或许还有机会找到在甲骨之前的文字痕迹，真正解开中国最早的文字之谜。在那样的材料出现之前，我们只能用现有的甲骨文，配合后来的发展模式回推，到底发生了什么事。

丰富的甲骨文带来的第二个困扰是，我们很难确定其适用范围。如果它很粗糙，我们比较容易去猜想其有限的用途（也许这套文字纯粹被用在占卜上）。然而，甲骨文字系统如此丰富复杂，虽然我们拥有的证据都来自占卜用的甲文与骨文，但谁敢说这些文字不会被用在别的地方呢？谁有把握说这套文字就是占卜用的，还是我们只发掘到占卜用的痕迹，其他的我们至今没有发现呢？

这么复杂的一套系统，由少数几个卜人（专门负责占卜的人）发明、使用，感觉好像不是很合理，然而偏偏我们手上没有任何证据，看到这套文字在占卜之外的运用。因而，在解释中国文字起源与中国文字发展时，我们不能不有一种主张，说明中国文字与甲骨、占卜之间的关系究竟是什么。中国文字就从占卜一路发展出来，而且商朝就只用在占卜上？抑或这是一套普遍的文字系统，除了占卜以外，还有很多不同的应用领域？选择不同的主张，我们对中国文字的来源和发展，就会有不同的诠释和判断。

03

# 甲骨文的意外发现

极度敬重和崇拜文字的一个文明却任由最早的文字一直埋藏在地底三四千年之久，一直到 19 世纪末才得见天日。发现甲骨文最关键的年份是 1899 年。在此之前，中药里就有一种药材叫作龙骨，那显然是将动物骨头的化石研磨入药。有几个地方盛产龙骨——广西、云南、广东的西边，北边有山东半岛沿海地带。这些地方都是因为地壳隆起，造成地质变化，将原来埋藏在土地里的动物骨骸封存入更深的地底下，变为化石。所以，今天在中国研究古生物化石最理想的地方就是广西、云南、贵州一带。这一带甚至出土了极为重要的恐龙化石。

然而，在 19 世纪下半叶，竟然是在这些传统中心之外的河南地区发现了龙骨。这个地区发现的龙骨被卖到中药店时，有些中药店的人注意到了，挑剔它们看起来像是被小孩儿涂画过的。最早挖到这一批龙骨的一个农民，不得已只好进行“加工”。他挖出一块龙骨，只要发现上面有刻痕，就拿刀把它刮掉，然后再拿去卖。可是加工过的龙骨还是卖不到好价钱，因为有人说：“这上面怎么会有乱七八糟的刮痕呢？为什么你不拿完整的龙骨来呢？”

这个农民很苦恼，觉得好不容易有个发财机会，挖到了龙骨，却偏偏是劣质的龙骨。于是他就对周围的人抱怨：“龙骨挖出来时，上面就是有这些刻痕，不是我，也不是小孩儿弄的啊！”

这件事在 1899 年（清光绪二十五年）传到了关键人物王懿荣的耳中。王懿荣和几个朋友——包括金石学家罗振玉和《老残游记》的作者刘鹗——在聊天的时候听到这个消息，他们意识到那些有刻字、刻痕的龙骨，可能不是简单的东西。接着他们找来了河南那边龙骨的一些拓片。这些学过古文字，从金石学入手碰过金文的人，觉得这些文字看起来很不寻常。王懿荣是大官，就出了一笔钱将河南的龙骨悉数收购了。

1899 年，王懿荣收购了这批龙骨，次年，中国就发生庚子事变[1]，八国联军侵入北京。事变中，王懿荣投井自杀殉国。王懿荣死后，一度没有人敢接收他的这批龙骨，因为有传言说这些从地底下挖出来的东西上面有字，想必是不祥的咒语，不小心的话，会把灾厄带进门。还好有一个人不信，将王懿荣所有的龙骨接收了，这个人就是刘鹗。

---

[1] 1900 年 8 月，八国联军攻打北京城，慈禧和光绪西逃，史称“庚子事变”。

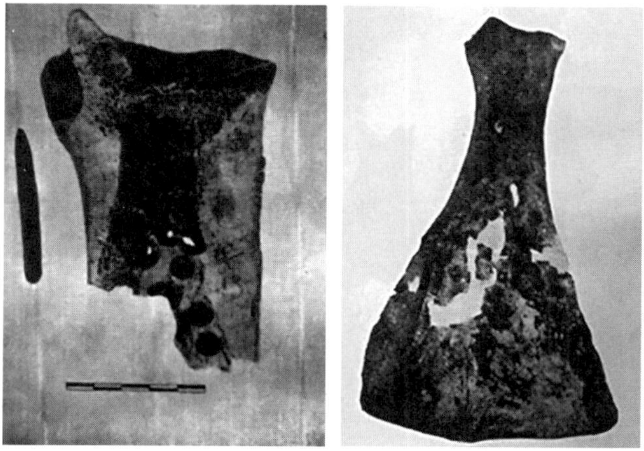

图 6-2　二里岗卜骨照片

在思想与个性上，刘鹗是个与当时清末社会格格不入的怪人。刘鹗仔细整理王懿荣的龙骨，出版了一本目录——《铁云藏龟》。《铁云藏龟》（刘鹗字铁云）是中国甲骨文字研究中第一本重要的书。

《铁云藏龟》的出版，引起了罗振玉的兴趣，开始对比研究从《铁云藏龟》里拓出来的这些字与金文、大小篆之间的异同。另外一个投入研究的人是王国维。王国维在学术推断上最胆大心细，他写了一篇论文，明白宣告：《铁云藏龟》中搜集的这些文字，应该是金文之前或与金文同一时期的中国古文字。事后证明，他这个判断完全正确。

平常我们都是“甲”“骨”连讲，称“甲骨文”。但是，别忘

图 6-3　安阳卜骨照片

了，甲和骨是两回事。骨通常用的是牛肩胛骨，也有少数用鹿的肩胛骨。早在二里头，甚至更早的大溪文化里，就已有用牛肩胛骨或鹿肩胛骨进行占卜的证据。二里岗是早商的夏文化中心的重要遗址——商人已经征服了夏人，但是夏人继续居住在原来的地区——也发现许多类似的东西。郑州二里岗出土了不少卜骨。为什么知道那是卜骨？因为这些骨头有一面被用青铜钻具钻了一个洞，而且有烧炙的痕迹。钻洞造成骨头厚薄不平均，在钻洞处加热，骨头另一面很容易就会出现裂痕。解读裂痕的形状与走向，来占卜求取答案，这显然是新石器时代后期就开始出现的一种人类预知吉凶的方式，而且流传很广。

在安阳出土了特别的卜骨，后面已经钻了洞，但是前面却没有卜痕。这告诉我们卜骨要先进行整治，一次可能整治一批，以备需要时使用。此外，一片卜骨通常不会只钻一个洞，一个洞占卜一次，一块卜骨、卜甲不止用一次，可以重复使用多次。

04

## 甲骨文的内容

在与商朝无关，无法确认属于商朝的遗址中出现的，都是卜骨，没有卜甲。只有在与商人、商朝相关的早商、中商，尤其是晚商时期遗址中，才有卜甲。卜甲是商人独特的标记。用卜骨来占卜，很可能不是商人发明的，然而商人在运用别人发明的占卜方法时，加上不一样的成分，用龟甲作为显示神谕的主要媒介。

从卜辞上看到的地名，可以整理出商朝后期的疆域范围。从考古上的观察得知，商朝、商人从早商的丘，然后到郑州，到晚商以安阳为中心，而卜辞所见地名也不出这一带。目前出土的卜甲，都是在这一带被发现的。

但是，卜甲的来源是海龟，海龟的原产地当然不会在这一带。海龟来自东边或南边的海洋。其他地方使用卜骨，却只有商人遗址中出现卜甲，说明了两件事。第一，它更加确证了商人和东方的密切关系。商人来自东方，起源处很可能靠海，然后才慢慢向内陆发展，克服夏人之后，进入中原。第二，到了晚商，商人的主要活动区域集中在安阳附近时，他们仍然有足够的资源，也控有足够畅通的交通运输管道，可继续取得来自海边的龟甲。

安阳的两大发掘成果，一是青铜器，其原料的来源地处偏西地区；二是龟甲，其原料来自偏东地区。这两样东西的存在，帮助我们画出了商人可以控制、影响的广大区域版图。他们必须掌握这些地区，至少掌握这些地区的生产及其联络安阳的运输路线，才有办法在安阳创造出这样的文明。

卜甲中较常见的是腹甲，就是海龟肚子下面的那一块。腹甲没有背甲那么厚，也就比较容易钻凿。然而腹甲有一个缺陷，不小心会裂成好几片，所以也有用背甲的。不过如果用背甲，就必须先打磨，之后才能拿来当作卜甲。

卜甲的背面大概都有十几个凿痕，每个凿痕烧一次，在正面制造出一道卜痕。卜痕旁边就有甲文，用以记录并说明，为什么要卜。卜骨上所刻的字，已经出现了传留至今的习惯，由上而下，再由右到左。然而，卜甲上面的字不一样，卜甲的写法是由上而下，然后由外面写到里面，所以右侧的卜甲，字就由右往左排，左边这一边就由左往右排。这是在卜甲上写字的惯例。

有一批发掘出土的卜骨，上面有刻字，但是却没有任何卜痕。这一批卜骨让研究者很困惑，因为这一批卜骨的字特别难认。甲骨文有两千多个至今都无法辨认的字，有不少就出自这一批卜骨。

许多甲骨字典中会对这批卜骨中出现的字另外加注标示，因为这一批卜骨的字，很多和我们整理出的甲骨文基本文法不相符。陈梦家的猜测[1]应该是最合理的——这批应该是“练习骨”，练习刻字用的，所以字常有错，而且字与字不见得连缀成文。

大部分字被刻在牛骨和龟甲上，但有一小部分却被刻在了人骨上。我们在商朝的人骨工坊里找到了上面有字的骨片。这些人骨——包括其上刻写的字——显然和战争有关。通过甲骨文资料，我们对商朝末期“征人方”[2]这件在古文献中记录过的事，增添了许多惊人的理解。

每一次出征打仗要占卜，有与战争相关的消息传来也要占卜。在祖甲、祖乙的时代，最常有的占卜辞就是：卜未来十天吉利不吉利？王一占，占说十日之内可能有祸，不到第十天就有“验”——消息传来，人方攻打了我方的哪一个邑，如何如何。

借由整理这些资料，我们知道了商朝末期和人方、鬼方的斗争极度惨烈。甲骨文上留下了一口气杀掉两千多个俘虏的镌刻。

---

❶ 此处内容参考陈梦家的《殷墟卜辞综述》和《陈梦家学术论文集》等著述。

❷ 此处内容见《史记·殷本纪》，武乙和帝乙在位时都对人方进行过大举征伐，甲骨文资料印证了文献记录的确实性。

05

# 甲骨文与氏族辨别

关于中国文字，甲骨文告诉了我们什么？第一，甲骨文已有固定的规则，从问卜到刻辞，都有规范，而且有越到后来规范越严格的倾向。一块骨、一块甲会被反复使用，到了祖甲改革之后，建立了以十天作为一旬的规律，所以每一片龟甲上一定凿十个洞，每十天用掉一片龟甲。

一片留有十个卜痕的龟甲，并不会留下十条刻辞。卜旁边最常见的只是写上“贞人”——负责占卜的人的名字。至于有卜辞的，往往都是“王占”。

我们可以借此复原可能的占卜程序。轮值的贞人负责卜一件事，如果卜出来的结果正常、没事，那就好了，顶多在卜痕边签记名字；但若出现了特别的卜痕，就要呈给王。真正决定吉凶的不是贞人，贞人是技术人员，解释能力有限，王才是真正的占者，最后的解读者。王解读了特别的卜痕之后，做出解释，就要将解释的内容刻在卜痕旁边。解释都牵涉对未来的预测，所以过了几天，有了“验”，果然如此发生了，就要再将事实补记在卜甲上。

先有征兆，然后有占，最后有验。只要是王占的，大部分都是对的，都会有验。所以这不只是单纯的占卜程序，还有政治与权力上的重大意义。卜不是一件简单的事，所有的商王都是真正的卜人，或者说，真正的巫。这是为什么张光直先生用萨满教来说明商人的文化。

卜辞内容很多，天象要卜，气候要卜，祭祖要卜，出征要卜，出行也要卜。一部分占辞保留在了《易经》中。《易经》中有些卦辞、爻辞和卜辞很接近。卜辞已经是一套成熟的文字系统，有固定的写法、固定的文字排列顺序，也就是有了文法。当然，卜辞并不是文字的起源阶段。

那么，文字的起源究竟在哪里？还好在甲骨文里面，有一个地方意外透露了一点儿线索。

卜骨有头有尾，骨尾指的是太厚而无法被钻凿的部位。卜甲也有甲尾，那就是龟甲边缘，一样是因太厚而无法被钻凿的地方。特殊的是，很多甲尾和骨尾的背面刻字，写在背面的字通常很简短，而且许多都无法辨认。以前这种字被通称为“贞辞例外”或“例外贞辞”。“例外”是指不符卜辞惯例，既不依随卜痕又刻在背面。至于“贞辞”，是因为人们认为这些字应该是贞人的签名，所以叫“贞辞”。

可是，后来学者进一步研究发现，甲文、骨文中有贞人的签名，出现在正面的贞人名字与骨尾留下的字样，又很不一样。于是，人们有了另外的猜测，主张那或许不是贞人，而是负责整治甲骨、进行钻凿的人留下的签名。谁整的、谁钻的都有记录，到时候如果得不到应有的卜痕效果，就知道该找谁算账。

然而，陈梦家先生察觉了一个特别的现象，就是“⊥”这个字。古文献上将这个字解为“示”，是“示”的前身或异形。陈梦家主张，金文与甲骨文中的“示”字和“氏”字是相通的，于是“贞辞例外”“例外贞辞”里看到的“⊥”，就可以解成“氏”。

如此一来，很多事情就都通了。骨尾和甲尾出现的一些字，找不出后来相应的字，然而可以在金文里发现类似的字形或符号。那些金文符号本来就被视为族名或族徽，其功能是标示氏族，别无他意，所以后来就随着氏族的没落而消失了。

陈梦家先生在巨作《殷墟卜辞综述》里，写了一篇《甲骨文所见氏族及其制度》。他整理了一个表，把甲骨文里所有看起来像是氏族名称的字全部列出来，并归纳其中牵涉的种种规律。陈梦家先生整理的氏族名多达145个，在这所有的氏族名称中，最常出现的是妇、妇族和妇氏。安阳殷墟出土的妇好墓就是这族人的一座墓葬。

这很可能藏有中国文字最重要的起源因素。如果我们看金文，尤其是中商与晚商青铜器，有铭文的比例不是那么高，可以辨识为字句的铭文尤其罕见，但是却常有高度图像性的符号，个别、单独铭刻。过去，人们很难确认这到底是图画还是文字。从

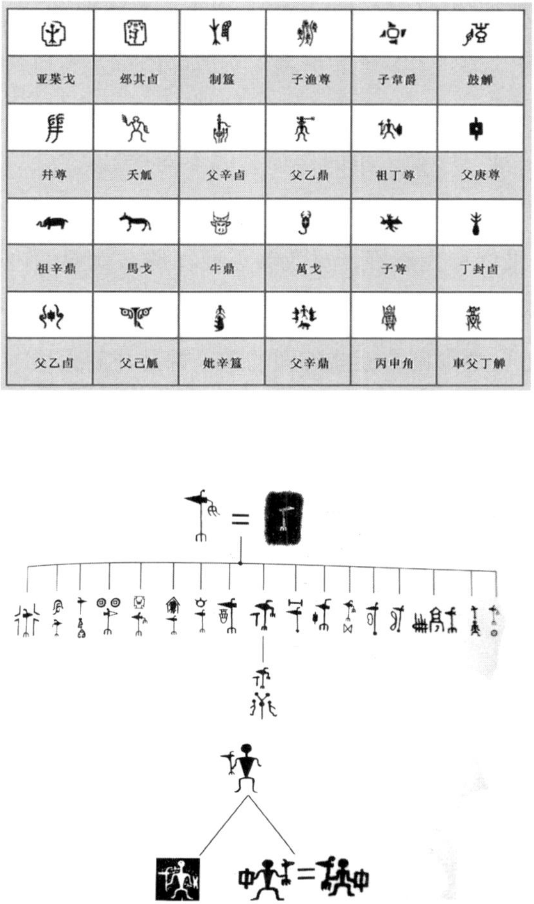
亚栔戈
郯其卣
制簋
子渔尊
子韋爵
鼓觶
井尊
天觚
父辛卣
父乙鼎
祖丁尊
父庚尊
祖辛鼎
馬戈
牛鼎
萬戈
子尊
丁封卣
父乙卣
父己觚
妣辛簋
父辛鼎
丙申角
車父丁觶

图 6-4 甲骨文、金文族徽

郭沫若开启了这一条解释的路，将这些金文中的单字看作族名或族徽。经过陈梦家运用卜骨和卜甲符号的对比后，证据看来越来越坚实——那种图样式符号，应该是用于氏族辨别。

中国前文字、类文字和准文字系统的出现，来自要辨识你是什么人，你和我的关系究竟是什么。例如金文上常见的“亚”字徽，外面一个“亚”字徽，里面再加其他不同符号。“亚”字徽最有说服力的解释是：这是用来标示“大邑商”范围内的氏族，由商王赐“亚”。如果你和我够好，对我够重要，那么就赐你可以在你原来的族徽以外使用“亚”字徽圈，肯定并标示你我之间的亲密关系。任何有“亚”字形围在族徽外面的族，都是与商人最亲近的。

06

# 中国文字起源推论

让我们按时间顺序排比一下关于文字起源的推论。

中国新石器时代的发展，从有农业，然后开始进入战争和掠夺。战争掠夺过程中，夏人率先在夯土技术上有所突破，因此引发了中国新石器时代后半期，也就是夏朝时的筑城运动，人口纷纷重组归纳。人口重组的过程中，也就必然进行着人口的划分，包括筑了这个城之后，谁可以住在城里，谁必须住在城外，城内的人如果有纷争怎么办，等等。

显然到夏朝时，中国的主要社会组织就已经是环绕着氏族血缘原则了。因为有分辨血缘血统的需要——那个时候的人没有身份证，没有户口本，甚至还没有我们今天意义上的姓氏——就必须找出方式来标识我自己，标识我与他人之间的关系。所以，这个时候就发明了族名，发明了族徽。

族名、族徽很可能就是中国文字的起源。我们今天在命名时，如果没有特别的想法，最容易随口取的名字是阿猫、阿狗、阿牛。如此我们就可以了解，为什么在氏族族徽中会有那么多象形的、与大自然有关的东西。那是自我称号，也就演变成某个族类的标记和代表。一个氏族用族徽来自我标示，在那个氏族划分格外重要的时代，很快影响了其他部族，大家纷纷立起族徽来。

族徽积累越来越多，而且还会依照氏族间关系牵动族徽变化增生，像“亚”字徽就是很好的例子，积累、变化到一定程度后，才逐渐由族徽转变成为我们今天认识的文字。这些符号担负起了意义留存与意义传播的功用。

这个变化中有一个关键。显然有一群人，一个特别的民族，在这里发挥了作用，带头进行了从族徽变成有意义的文字转化。这个部族，最有可能的当然就是后来建立商朝的商人。和在青铜器的运用上一样，在这件事情上，商人有巨大的文明贡献。

而且，青铜器和文字的发展，恐怕是密切相应的一体两面。青铜器最重要的用途，是要和另一个超越世界的祖宗沟通。要建构起一套两个世界，或者说多个世界之间的权威层级（hierarchy，又译为等级制度、统治集团、层级体系），谁的祖先权威高，其子孙在现实世界就比较有权力。而族徽正是记录祖先血缘代代延续关系的工具。因为商人有强烈的祖宗信仰，所以他们对于血缘极为重视，有最强烈的动机在自己的族徽和人家的族徽上做文章、动手脚，从而慢慢从族徽发展出文字系统。

如果文字系统的确是从族徽发展来的，就会牵涉后来中国文字发展的一个关键问题。族徽本来是氏族的名称，通常应该源于该氏族的自称，所以应该相应有声音。我们从文化人类学里得到的规律，一个族语言里“我”的代称，或是“人”的称号，通常就是其族名。例如，达悟人[1]称“人”，就叫作达悟，所以他们是达悟人。因而照理很有可能族徽会有声音上的关联，那么语言与文字在商人进行的这一套改革和变化中，是一种什么样的关系？为什么中国的文字没有走向表音文字，理由显然藏在这个发展过程里。

[1] 达悟人是台湾原住民中最原始的一支，分布于台东县东南外海49海里的兰屿岛上。他们自称Tao，意义为“人”。

07

# 《尚书》与《诗经》语言文字对比带来的启发

我们稍微对照读两本古书，然后回头看，可能会看得更清楚。

一是《尚书》，一是《诗经》。尤其是《尚书》中的《盘庚》，《诗经》中的《商颂》，还有《国风》中的《豳风》。六经传统的排列顺序是《诗》《书》《易》《礼》《乐》《春秋》其中，《诗》《书》《易》《礼》《乐》都是从西周传下来的，是西周最重要的贵族教育教材。对这些西周王官学内容，中国传统读书人讨论过一些奇怪的、让人不解的地方。例如《尚书》内部篇章有大的差别，部分篇章佶屈聱牙到不可思议，即使你将《论语》以来的中国古籍都读懂了，《尚书》里还是有很多篇章读起来像天书一般。

又像是《周易》里显然用了两套很不一样的文辞系统。《卦爻辞》和《易系辞》读起来完全不是同一回事。《易系辞》的文辞，绝对是春秋之后的产物，那么卦辞、爻辞是什么？怎么来的？

其实最大的差别在于《尚书》与《诗经》使用的文字。今天你打开《诗经》，立刻能感受到那是一种和语言、声音关系密切的艺术。“关关雎鸠，在河之洲。窈窕淑女，君子好逑。”文字、语言上声音的对偶、流荡，清清楚楚。而且，大部分《诗经》中的篇章，只要对古文有些基本认识，很容易就能读，能理解。《尚书》就截然不同了。像《盘庚》中那样的文字，怎么读都觉得困难，感觉与后来的文字不是那么亲近。

以《尚书》和《诗经》作为对照的文本，我们可以合理推论：《诗经》应该是中国文字和语言系统的一次大胆、突破性的结合试验。换句话说，一直到《诗经》成书的年代，大概在西周的早、中期，通过周人的努力，想尽办法将已有的文字符号一一赋予明确的声音和音值，然后用这些字去记录流传下来的语言。或许是民间的语言，根据钱穆先生的主张，也有可能是贵族士人的语言。

从这个角度看，《诗经》在中国文化与历史上最重大的意义，在于它是律定中国文字声音基础最早的文本。也就是说，从《诗经》以降，中国文字符号才开始有了确定的声音，才和语言发生确定的关系，才能和语言配对。相对地，《周易》的《卦爻辞》或《尚书》中年代最古远的篇章，其文字与语言的关系就要疏远得多。

并不是说那些字一定不能读，一定没有连带的读音，而是说那些字的存在目的，不在于让人能够一读就知道是什么意思。它不是语言的记录，更不是语言的翻版。文字模仿、记录语言的作用，要到《诗经》之后才有。要不然我们就很难解释，为什么从《尚书》到《诗经》，古代中国的语言会发生那么巨大的改变，从语气到语法，都变得不一样了。

看起来最有可能是，因为文字是在商人的手里成形的，所以中国文字没有走上表音的道路。从一开始，文字就是一种神秘兮兮、主要为记录神秘经验而创造出的符号。文字是刻意被保持其神秘性的，因为这涉及商人统治的基础。

别人占卜都用骨，商人就刻意不用骨或少用骨，选择了其他民族无法用、不会用的龟甲来占卜。这清楚宣示着：我的势力及于海边，而且我控有你们没有的东西。用龟甲占卜，然后在龟甲上面刻字，这同样是为了宣示商人的独特性。

青铜器、龟甲、文字都一样，都指向商人具备秘密管道，拥有秘密权力，可以与另外一个世界超越的、巨大的力量直接沟通。在这种状况下，商人当然不会希望他写的卜辞以及记录卜辞的这一套文字轻易被理解。那是与巫术有关的一套秘密系统。

举个现实的例子，可以让我们更容易理解。现在还有道教的“符仔”，道士鬼画符画了半天，那些线条图形，念得出来吗？或者是被“三太子”附身的乩童，他在沙盘上东画西画，会刚好画出我们都看得懂的文字吗？当然不会，如果那样就不需要有旁边负责解读的人了，而且也就失去了其神秘的说服力。就因为他画的不会有任何人看得懂，旁边那个人说什么，才充满神秘意味，引人遐想。

08

# 中国文字的表意特性<br>与特殊功能

从这个角度去理解中国文字的起源，以及中国文字最早的用途，很多奇怪的现象会变得不那么奇怪。像是文字与语言的分离，一直到今天的道士符咒，虽然看起来很像文字的某种变形，它就是不能念的，和语言无关的。就算有道士去念符，他念出来的也一定不会是我们日常听得懂的语言。别人不懂，是符咒存在的根本前提。

这是商人重要的权力来源。他们建立的基本上是神权统治，神权统治就一定需要这些别人无法轻易破解的东西。文字是少数统治阶级掌管的神秘对象，握在商人的手里，对他们而言非常重要。

我们也可以进一步了解，周人是从什么时候开始对商人产生威胁的。其中的关键之一，就在于周人不晓得通过什么渠道学会了这一套文字系统，可能也学会了商人运用这套文字系统与祖先沟通的方式。当起于周原的这一股新兴势力逐步向东侵逼商人，与商人进行长期拉锯式对抗的过程中，他们学会了制造青铜器，学会了如何刻绘青铜器上的种种纹饰。不过，周人后来越来越不重视纹饰，因为他们发现其实商人更在意的是文字。所以当周人学会了文字，就将文字刻蚀在自己的青铜器底下，展示出来。

那是周人对商人最大的威胁。“看！你会的我也会了，你说靠这个可以和你神力强大的祖先沟通，祖先的神力因而可以为你所用，然而现在我也可以靠这套神秘系统和你的祖先沟通了！”

依照这样的解释，我们也就进一步理解了周人与周文化的基本个性，以及这一套文字系统到了周人的手中，产生了怎样的变化。最大的变化出现在西周的早期和中期。翦商成功后，周人有了发展自己的文化的机会，同时也发展了自己的文字。

周人的个性和文化走向，和商人极度不同。这就是《诗经》出现的重大意义。商人开启其端运用的这套文字系统，在周人手中和神权分离了，走上一条不同的人本、人文道路，包括要让文字与一般语言结合。但这一套文字系统毕竟已经成形，甲骨文包含了四千多个字符，那是一套复杂、完整的表意系统，没有道理也没有办法缩减这个系统，去构筑纯粹表音的功能了。

正因为前面商人不以现实沟通为目的，而以作为神权基础的方式来运用文字，奠定了中国文字的特殊性质。这个商人建立的神权文明维持了很长时间，光是小屯殷墟跨越的时间就大概有三百年，然而，如此辉煌的神权文明，毕竟还是垮了，被周人取代了。取代了商朝的周人并不完全是外来者，他们继承了商文化，却又创造出不同重点与性格的另一种文明。

周人之所以能够克服商人，就是因为他们走了一条和商人很不一样的道路。他们强调很不一样的权力概念，其核心就是“天命说”，就是徐复观先生说的“人文精神的跃动”，变成以人为主，建立一个比较接近于人的政权。❶

周人继商人的神权文明而起，继承了神权文明中原来为巩固、维护神权而设计的国家机构。他们一方面使用这些国家工具来维持自己的统治，另一方面又对这些工具进行根本的改造，其中改变最大、最明显的就是文字。

虽然我们不能否认甲骨上的这些字可以有对应的音，然而那样的声音指涉可能比较接近咒语，不会是和当时的日常语言结合在一起的。到了周文化中才逐步让每个字有一个日常语言中的音值，让文字系统和日常语言系统结合在一起，也才完成了今天我们所熟悉的这套特有的中国文字符号。这套文字建立在表意的基础上，加上部分声符作为辅助，成就了人类文化多样性方面意义最为深远的一套系统。

❶ 徐复观在《中国人性论史》第二章《周初宗教中人文精神的跃动》中详细讨论过此主题。

第 七 讲

# 鬼气森森的商朝

01

# 历史文献中的商朝历史

了解商朝的文化与历史，除了考古发掘出来的器物之外，还是得回到古文献学上，重新整理古文献中留下来的种种资料。

出土了十多万片甲骨，并不意味着我们就有了十多万件新史料告诉我们商朝的历史。甲骨和甲骨文片段，需要予以重组才能找到有意义的记录。而即便是有意义的，也限制在很小的范围内，记录当时的人特定的一小块活动。

如果只看甲骨文的话，这些现象与文字能告诉我们的很有限。另外还有一种史料，是在上千年的时间中，一代一代传抄下来的古文献说法。这些史料必然经过改写，不可能一直维持原样，而且中间会有很多缺漏。

流传下来和商朝历史有关的材料，包括《竹书纪年》《世本》

等。《世本》原书早已亡佚，但我们还能够在其他古书，如《礼记》《山海经》等的注释中，找到一些片段。清朝的学者将这些残留断片收在一起，呈现出对于商朝或先周历史的古老描述。

王国维最早发现了出土甲骨中，有记载商朝先祖名称的商世系卜骨，那是将两片卜骨残片拼在一起构成的。然而，两片拼起来之后，卜骨文仍然不完整。对比《史记·殷本纪》以及《世本》残文，王国维主张这片卜骨上写的，就是商人祖先列表。后来近乎奇迹的是，董作宾竟然又在过眼整理的数万片甲骨中，找到了可以补上商世系卜骨残缺部分的第三片。

三片拼合后，成为“商世系三片”，上面的文字清楚地证明了《史记·殷本纪》上的商代先公先王名字，是有所本的。

“商世系三片”上的世系表是：喾→契→昭明→相土→昌若→曹→冥→王亥（振）→上甲（微）→报乙→报丙→报丁→主壬→主癸→大乙（汤）。

从这个排列中，我们可以清楚看出，以王亥为分界，之前和之后的先公先王名号不太一样。王亥之后，甲、乙、丙、丁、壬、癸、乙，名字里都有天干排序，而王亥的“亥”也是后世地支中的一个。

对比《世本》中的一个句子“相土作乘马，亥作服牛”。相土和亥都是商人先公，而“乘马”“服牛”被特别标举为他们的功绩。还有《山海经》中的一段故事提到王亥带领了牛群，到了有易，在这里他的牛群被夺走了。《易经》中有两个卦，出现有易。一个是“大壮”，辞中有“丧羊于易”；另外“旅”卦中，则是“丧牛于易”。

史料虽然很有限，但从这样对比来看，它给了我们基本的理解空间。王亥是商人发展中重要的领袖，留在商人的记忆中，王亥的功业和牛羊畜牧有关。在王亥这一代经历了商人发展上的大挫败，他们和一个叫有易的部落或方国起了冲突，冲突的焦点也是牛羊。

我们还在甲骨文及古文献中，找到有上甲微，也就是排在王亥后面的先公，又和有易争战，或许就是要为王亥所受的挫败复仇。

02

# 成功的畜牧民族与迁徙、定居两难选择

甲骨文上的记录，王亥有特殊地位。卜问主要是以事问上天的祖先，请他们提供答案。有些时候，甲骨文中会记载这次问的是哪位祖先。我们发现被指定来解答疑惑的祖先中，王亥排名很高，甚至比大乙（也就是商汤）还要重要。

通过王亥，我们看出商人兴起的一个线索——他们是最早在畜牧方面取得重要成就的民族，掌握了对动物的操控能力，由此形成了文明突破。从相土到王亥，他们有效地驯服了牛、马一类的大型动物，让这些动物非但不是威胁，还成了人类的帮手，为人类所用。

在《世本》的残留断片中，有一句话是“鲧作城郭”。鲧是大禹的父亲，也就是夏的先公。对照考古资料，我们有越来越多的理由相信，夏人的崛起和夯土筑城的技术及成就密切相关。而后来得以挑战夏人的商人，在后世记忆中，其能力则是和动物紧密相关。

到春秋战国之际的文献《管子》，里面还有“殷人之王，立帛（皂字之误）牢，服牛马”的字句。“牢”显然指的是圈豢，那个时代的人仍然记得商人的长处在于找到了方法，将牛马驯服养在牢中，让牛马为人类服务。

古文献中和夏人有关的，经常都有明确的地名，地名中有城有邑。相对地，提到商人先公先王时，却都记录了他们不断迁都的事。有名的盘庚五迁，有一种说法是盘庚一世中就迁了五次，另一种说法则是到盘庚迁都，已经是商人第五次迁都了。不论哪种说法，都清楚显现了商人的移动习惯和相关的特性——他们具有良好的移动能力。

为什么要搬来搬去？还有，为什么能搬来搬去？《尚书·盘庚》中留下了盘庚试图说服，近乎威吓族人迁徙的文辞，其中盘庚并没有明白地指陈必须迁徙的理由，不过他反复表示，如果继续在这个地方留下去，会受到上天惩罚。还有，他强调，商人过去的领导者都尽心尽力为族人选择最好的栖居地，经常搬迁，要他的族人不要怀疑他的决定。

商人先公传下来的经验与智慧，很可能就是牛、马等大型动物的畜牧，无法长期居留在同一块地域上，因为牧草生长很快会赶不上牛、马的繁殖消耗。还有，一直聚居在同一个地方，牛群、马群互相感染疾病的概率也会随之升高。

或许商人崛起过程中，原本是习惯于放牧移居的。但扩张到一定程度，也开始学习发展农业。在农牧并进的情况下，就出现了两难选择的困扰。农业，加上从夏人那里学来的筑城工艺，使得定居的欲求越来越高，但定居形式又必然妨害了他们赖以起家的牛马畜牧，因而才产生了盘庚必须训斥和说服族人搬迁的情况。

那是新旧冲突的紧张。盘庚按照旧方法、老智慧，为了畜牧业需要，不能在一地久待，但他的族人开始依赖农业，得到城墙保护了，变得很不愿意放弃既有居住地，到别的地方重新来过。

03

# “商”为何又被称为“殷”？

商人在东方崛起，很可能和畜牧的本事有关。另一个重要线索是安阳出土的甲骨文中，看出来“卜旅”相当重要。“旅”有两重意思：一是旅行，二是军旅。两者的重叠之处，在于长距离移动。在那么古远的时代，长途移动绝非易事，到了商朝后期，商人经常在移动，需要经常卜问“旅”的吉凶。

另外，商人用卜甲，不只用卜骨，也指向他们高度的活动力，尤其是成熟的运输条件。青铜器的铸造亦如是。海边的龟甲，四处的铜矿、锡矿，要能历远送到安阳来。为什么商人特意发展这些需要运输条件配合的事物？因为这个民族兴起之初，靠的就是“服牛乘马”，懂得用别人不会的方式驯服动物来为人类服务。他们当然就有强烈动机不断强调自身的特殊本领，彰显对其他部落和方国的优势。

在安阳殷墟发掘结果中，有车马坑。不止一个地方发现有马有牛被埋在里面殉葬。除了牛、马之外，还有鸟兽坑。甲骨文记录的祭典中，最多有一次用到三百头牛的。安阳出土的兽骨数量也的确非常惊人。车马坑是将一整架制作精美的车，加上拉车的活马一起埋进去的。为什么这样做？显然也是在炫耀，商人有这种车马运输能力，而且能够拿这么多牛、马、鸟兽作为牺牲品。

再举一个可能相关的例证。《史记》称周之前的朝代叫殷，其历史记录在《殷本纪》中。而今天我们通用的名称，则是商。"商"这个字比"殷"出现得更普遍。整理甲骨文时，研究者发现了一件令人惊讶的事——我们找不到商人自称为殷的记录。

"殷"这个名称，是周人用的，而且带有贬义。周人要表现和商人亲近，表现对商人尊重，用"大邑商"；但若要表现敌对与轻蔑的话，就会用"殷"。商人自己就是叫"商"。显然，"殷"这个名字是胜者的书写传统，在周人战胜商人之后，随着周人的语言习惯留下来的。

周朝早期，仍然"殷""商"并用。但到东周之后，"商"越用越少，"殷"越用越多。两个名字的消长，另一个关键因素在于，到这个时候，"商"和"商人"有了不同的意义。

拿我现在写的这章内容，随便让人浏览看看，恐怕不少人会以为这是从财经书里摘出来的吧！通篇一而再，再而三地出现"商人"。现代中文里，"商人"只有一个意思，就是做生意的人。"商人"指做生意的人，早在东周时就形成了，不过那时候更严格、更精确些。“坐贾行商”，意思是，固定在一个地点上开店铺做买卖的，叫作“贾”；那种跑来跑去，将货物从这里买运到那里去卖，才叫作“商”。

虽然没有明确的直接证据，但经过对比，我们有理由相信这中间的联系。传统的解释是周人克殷之后，周公将殷遗族流放，所以他们就转行去做生意，所以“商人”变成了商人。但我们现在可以将字义的重叠推得更远、更紧密些。行旅、运输早早就是商人自我标榜的民族印记。他们懂得用动物的力量进行远距离移动，他们的这个长处后来就成了行商的基础，于是此商和彼商就有了同样的称呼。或者应该说，民族称号的商就转变为行业称号的商了。

04

## 商王世系与二元统治

上文中提到，王亥以下，商先公世系表出现了特殊的规则，每位先公的名字里都带着一个天干名称，甲、乙、丙、丁……这些甲、乙、丙、丁代表什么？

有一件事是确定的，从甲骨文资料看得出来，商人的记数系统已经很发达了。那时已经出现了十进制的天干和十二进制的地支，以及借由天干、地支结合所形成的六十循环系统。天干所构成的十天为一个单位——旬，这是这套系统的根本。因此，我们看到甲、乙、丙、丁……直觉的猜测就是应该和旬的记日方式有关。

整理甲骨文祭祀资料，发现了一件显然不能用巧合来解释的规律——汤（太乙）的祭通常都落在“乙日”，而“报甲”的祭就落在了“甲日”。这种规律怎么来的？一种可能性是，汤出生或死于“乙日”，因而得到“太乙”的称号，从此他的祭典就都落在了“乙日”上。

这个说法遇到了一个问题，那就是先公先王世系中的顺序，从上甲微起是甲、乙、丙、丁、壬、癸。如果他们的名字来自生日或死日，那么六代先公先王刚刚排成这样的天干顺序，未免太巧了吧？前一代出生（或死亡）在甲日，后一代刚好就出生（或死亡）在乙日，再后一代又刚好出生（或死亡）在丙日……有这么巧？

真的太巧了，巧得令人难以置信，因而逼出了修正的说法。有学者主张这份世系表，是武丁时改革、整理后的结果。武丁改革的一个目的，是整齐祭祀，所以就将古远没有留下确切生卒日期的先公们方便分派：第一代派在“甲日”，连带称“甲”；第二代派在“乙日”，连带称“乙”；第三代派在“丙日”，连带称“丙”……

后来，张光直先生写了《商王庙号新考》，提出了不同的解释。[❶]《商王庙号新考》一文的主张，张先生后来又在《商文明》（*Shang Civilization*）一书中做了进一步的补充和发挥。

为了质疑传统说法，当时在耶鲁大学教书的张光直，特别跑去耶鲁大学附属医院，调出医院近几年的新生儿出生记录。将新生儿的出生日按照十天一个单位，具体考察其分布状态。其实我们以常识推论应该猜得到，新生儿的出生日分布，应该会呈现大致平

---

❶ 此处内容见张光直，《商王庙号新考》，《中央研究院民族学研究所集刊》第15卷，1963年，收入《张光直作品系列·中国青铜时代》，生活·读书·新知三联书店，1983年。

均的状态。

那就和商王庙号大不相同。传留下来的商王庙号最大的特色，就在于某些日子高度密集。张光直先生又发现了几个特殊的分布规律。第一，两代之间，不会有重复的天干名称。没有连续两个同样的天干名称，前一个若是“甲”，后一个就一定不会是“甲”。第二，如果将各代庙号按先后顺序分成单数代与双数代的话，那么很清楚地，有些天干庙号从头到尾只出现在单数代，另有些天干庙号则只出现在双数代。

这些现象，集中、奇特的规律，无法用出生日或死亡日来解释。人无法选择出生日，也很难选择死亡日。源自出生、死亡日的天干名号应该随意分布，不可能出现这种密集的规律。

由此，张光直先生提出了他的新主张——庙号代表的是不同的宗族群，而在商人的统治中，是由两个统治集团轮流执政的。两个统治集团各拥有几个宗族群，这一代由这个集团执政，下一代就轮到另一个集团。显然，有几个宗族势力特别强大，所以统治者通常从他们的宗族中产生，这样解释集中现象。两集团轮流执政，解释了为什么没有连两代相同天干庙号及为什么有单、双数代分布规律的现象。

张光直先生的新解，还可以和后来更明确的历史记录联系上，就是周朝的昭穆制。周人明白地在祭祀上进行隔代区分，若这一代属“昭”，下一代就属“穆”，昭、穆轮替。在祭祀时，两个隔代集团各据左右，是很清楚的二元组织形式。

张光直先生认为，商人的组织中，也有类似的二元安排。他会用这种眼光重新看待商朝史料，一部分是受到当时人类学研究的影响与启发。20 世纪中叶，二元组织和二元社会是人类学的重要研究主题。通过田野调查，通过像列维-斯特劳斯结构主义的诠释，许多人类学家认为，在从部落到酋邦的发展中，二元组织有其优势，是最容易进行组织化，让社群扩大、避免冲突破坏的好方法。

分成两个阵营，制定彼此之间共享利益与权力的游戏规则，组织中就随时都有管理者与被管理者，不会失序混乱。而管理者与被管理者的角色又是轮替的，也可以解决被管理者的不满，降低反抗张力。反正忍耐一下，被管理者就可以轮替成为管理者。双方互为管理者与被管理者，管理时也就相对会有合理性，管理者不可能欺压被管理者，因为两者的身份是要轮替的。

以这样的人类学观念，张光直发现了商人崛起，成为共主的另一项条件。他们可能比其他民族更善于组织，更能妥善处理自己内部的问题，形成更大、更紧密的系统，运用资源，运用权力。

05

## 商人与动物的特殊关系

再从头简述并整理一下历史上可能发生的事。

在东方，有这么一个民族，他们在新石器时代后期，因缘际会有了突破性的能力，培养出驯服及畜养大型动物的特殊本事。如此产生的第一个效应，是增加了他们的移动能力与运输能力。第二个效应，是刺激了他们将动物力运用在军事上，又增加了他们的攻击力和防御力。

人类很早就发明了轮子，将用轮子做成的车改由马来拉，就能达到前所未有的速度，进行攻击。这就是我们在殷墟中看到车马坑最清楚、最具体的意义。商人能够运用远大过于人的兽力，让兽力为他们所驱策。如此一来，周围的其他部落很难抵挡他们的势力，打不赢有兽力协助的商人，不得不臣服其下。

在驯服兽力、运用兽力的过程中，商人必然和动物发展出特殊且暧昧的关系。我们今天看到、接触到动物的机会，是餐桌上死掉的动物，是家中跑跑跳跳的猫狗鸟，是动物园围栏里的大象、长颈鹿。我们很难体会动物，尤其是大型动物对人的恐惧感。

就算找到了方法驯服这些大型动物，一个事实永远在那里——这些动物比人大，随时可以伤害人。面对大型动物，那个时代的人类不可能是百分之百的主人。人类一方面驾驭动物，让动物为人服务；另一方面，也就必须害怕拥有巨力的动物，必须随时提防。

在商人和动物的关系中，动物既是助手，也是威胁。人必须拉近和动物的距离，才能充分利用动物力，然而，和动物越接近，动物能给人造成的伤害和威胁也就越大。当动物“翻脸不认人”时，人就在动物旁边，跑都跑不掉。

换句话说，这样一个民族，随时和一个比自己更大的力量相处，借由控制这股随时可能转过来毁灭自己的力量，而得以发展壮大。这种心态，就成了商文化的底蕴，也是他们看待世界的根本模式。

人活着，最重要的事，就在于如何与比人更巨大的力量协商、共处。用对的方式处理动物，动物可以为人带来众多好处。然而，一旦用了错误的方式，动物也会立即成为最可怕的毁灭原因。于是，这样的现实进入了商人的想象，并且塑造了他们的想象。整个世界，也是这样一种可以带来好处，也可以带来毁灭的存在。商人从祖先那里学来驯服、运用动物的能力，祖先是重要的协助者，因此很自然地需要祖先来帮忙处理、应对这个世界。然而，一旦将祖先视为协助者，在他们的想象中，祖先也就自然取得了同样的两面性。祖先可以帮助我们解决问题，但一不小心，祖先也可能翻脸变成毁灭者。

商人必须不断小心翼翼地和祖先沟通，保证拥有祖先在超越领域中给予的保佑与协助。既是帮助也是威胁的双重性，祖先和动物是一致的。于是也就很自然地将动物想象为人间此世和祖先彼世的交流通道。因而在具有高度象征意义、运用于祭祀与战争的青铜器上，就布满了与动物主题有关的纹饰。

06

# 商朝的人祭与人的观念

商人最早发展了和大型动物之间的复杂关系，这一事实显然也影响了他们对于“人”，特别是他们对于“什么是人”的看法。

考古发掘出的奠基坑里，有人骨，甲骨文中经常出现人殉和人祭。甲骨学家胡厚宣统计过，小屯殷墟出土的墓葬坑中，扣除能够辨认的墓主尸骨之外，一共出土了三千六百具其他骨骸。这还只是能算得出来的。有许多支离、窜乱、无法明确凑成整副的骨骸还有很多。

出土的墓坑一共有两百多位墓主，却用掉了将近四千个人作为人殉或人祭牺牲。其中，人殉和人祭又不一样。人殉指的是和墓主有特殊关系，对墓主有特殊意义的人，在墓主死后，被一起埋进来，等于是陪伴他去另一个世界。我们现在无从知道这些人是谁，但可以想象，也许是墓主的妻妾或童仆一类的人。

至于人祭，是一个人死了，要让他能上路，在丧礼上，以人作为祭拜的牺牲。这种人在祭礼上的作用，和我们祭拜三牲[1]基本上是一样的，他们也就和墓主没有关系。甚至恐怕在墓主的生活中，他们根本没有被看作和墓主一样的“人”。从生物的角度看，我们检查那些骨骸，是人骨；但从当时的社会、文化观念上看，他们却不是人。

墓坑中，人殉骨骸通常保留得完整，数量也不会太多。数量多的，一般就是人祭，一堆骨骸杂乱放着，几十具甚至上百具都有。这种骨骸很难还原，甚至连要算清楚有几具都很困难，几乎只能依靠头骨来计算，无从将一具具尸骸拼凑完整。当年下葬时，显然就是毫无分别地草率堆在一起的。

1949 年后的中国大陆史学依循马克思主义唯物史观的五种社会形态论，讲到古史一定要讲奴隶制社会，人殉，尤其是人祭，常被拿来作为商朝是奴隶制社会的铁证。[2]也就是说，那些被草率埋进墓坑里的，是奴隶，是墓坑主人的财产。

这样的说法有其道理，但值得进一步探索和补充。从甲骨文上看，早期最常被用在人祭上的，是羌。今天我们的日常语言中说到羌，说的是山羌，是一种类似羊的动物。但在商朝甲骨文中，羌显然是一个民族的称号，而且这个民族源远流长，后来从羌的称

---

❶ 据《史记·秦本纪》等文献记载，古代的牲畜都有应用等级，两两不同，在组合祭祀、大型组合宴会中会使用三个不同等级的牲畜。至今闽南地区祭拜供奉时常有“三牲五果六斋”的传统。

❷ 此处内容见郭沫若的《中国古代社会研究》和《奴隶制时代》等著述。

号中发展出姜姓来，在周朝是个大姓。

甲骨文中明白记录着经常以杀羌来进行祭祀。羌是商人征服的民族，那么，他们是商人的奴隶吗？让我们先换个角度看，检验一下商人对外关系上的主要敌人。甲骨文记录，最常和商人之间有武装冲突的，是人方、鬼方和共方。从这几个名称可以看出，商人并没有用动物的名称来丑化他们的对手和敌人。

这和后来周人的习惯大大不同。周人的传统，之后更进一步内化在中国传统里，是以人和动物的分界来抬高自我地位，凸显自我中心。中国人是人，不是中国人的就是夷、狄或犬戎。周人用动物来命名那些在他们看来不是人的人。

商人不是这样。甲骨文用字有清楚的区别，对待人方、鬼方和共方，战争行动被称为“伐”，行动之前要进行的是关于战争和战事的卜礼。然而对待羌以及其他几个今天无法传写为现代中文的民族，甲骨文的用字却是“猎”，行动前的卜礼内容，也是卜猎。

换句话说，在商人的世界观中，人方、鬼方和共方属于人的范围，羌却属于动物的范畴。因而那种杀了大批羌的祭礼，在我们今天看来，以人为牺牲，所以是人祭。但在甲骨文中，就是祭。例如在祖甲改革之前，祭伊尹是重要仪式，祭典中经常列着“牛三百、羌五十”。牛和羌是并列的。

从现代观念看，挖出墓葬坑，发现有人骨，也有鸟兽骨骸，我们会很自然地进行区隔，这里是人祭坑，那里是鸟兽坑。但从甲骨文上看，我们有理由怀疑这样的分法。在商人的祭典中，恐怕不是这样区分的。

这里关系到商人对待动物的基本态度。商人眼中的动物，是能为其驯服、运用，置放在身边，却又不时可能带来破坏威胁的。或许以这个标准看，羌就是一种人形的动物。人方、鬼方和共方，都是明确的异族部落，有时联盟，有时冲突，彼此是人与人的关系。但羌不是，羌和动物一样，可以为商人所用，也经常被猎捕来为商人所用。

后期的甲骨文，尤其是祖甲改革之后的甲骨文中，我们看到了在表达上暧昧、变动的迹象。在改革后的“肜祭”中，甲骨文会出现“羌二人”的记载，这是过去没有的。过去羌就是羌，都是和动物、兽类并列，“羌五”“羌五十”是常用的表达方式。这时候出现了“羌二人”，说明商人看待羌的态度有了改变，经他们挪移进了人的范围，不再像传统上被归于动物的领域里。

我们可以通过甲骨文的记录来解释这种现象。商人与人方、鬼方和共方打仗，如果抓住了敌人，那是俘虏，可能变成奴隶。但若是和羌等几个特别的族群作战，商人经常是刻意将其作为猎物来进行追捕，捕来就以和对待动物同样的方式待之。

重点不在于外表的模样，而在于商人的文化认定。对商人来说，人最重要的定义，是有祖先，也就是有鬼，有鬼在后面帮助人，替人撑腰。所以叫人方的是人，叫鬼方的也是人，人和鬼在一起的，人方和鬼方的说法表示他们背后都有祖先，和商人一样。人方之所以如此得名，可能就是因为人方和商有过共同的祖先，是商人的分支，在称呼上留下了共同起源的记忆。

商人相信，若是和人方或鬼方打仗，除了现实中的斗争外，在祖先居住的鬼域中，商人的祖先也与人方和鬼方的祖先在斗争。要打赢现实的战斗，就要确保鬼域里的商人祖先比敌人的祖先更强、更有力。

相对而言，什么是“兽”？那就是，兽的背后没有鬼，没有祖先保护。兽的存在只有单一现实层次，没有复杂的人间与祖先两个领域交错互动。兽没有自己的祖先，所以会被商人用作牺牲，不用怕兽的祖先来报复。

商人相信，以兽为牺牲，可以和祖先的魂灵更有效地沟通。兽扮演在人间与鬼域交流的角色。

商晚期出现了“羌二人”的说法，饶富意义。显现本来被视为兽的这个族类，此时取得了人的地位。为什么会有这样的变化？应该是羌的势力有决定性的加强变化，逼得商人不得不调整和他们之间的关系。最有可能的，就是羌在西边长期和周人联盟，周人势力越来越大，对东方的商人产生越来越大的压力，羌也就跟着水涨船高，从传统上的兽升级成为人了。

过去商人理所当然地将羌视为兽。但羌和周联盟，而周是个商人绝对不敢小看的方国，绝对是人，是有鬼的人，必须认真对付。影响所及，商人难免心中嘀咕：那羌呢？羌的后面真的没有鬼，没有祖先吗？于是新一代的商人，面对新的局势，就动摇了，开始以人而非兽的眼光来看待羌。

商人借由运用动物，建立起他们的势力。他们有了能力：第一，不断扩张占有的领域；第二，不断扩张他们能影响的范围；第三，不断扩张他们能够结盟或征服的对象；第四，不断找到有效方法来组织新增的土地与人。在发展中，这四点缺一不可。

07

# 商朝统治的二元系统与占卜的两派

从王亥以下，商人建立了氏族内部掌权的二元系统，降低了内部的冲突。两边轮流执政，你有机会当老大，我也不会总是被你欺压。我知道之后要换你管我，所以当我管你时，我不会无理地欺负你，因为很快你就能报复了。二元，而且只有二元，不是五个、十个宗族在那里争抢，大幅降低了冲突的可能性。

这种二元系统，可以一直不断地往下运用。商人大系统分成两个氏族群，氏族群再分成两个次氏族群，彼此分享权力，交替拥有氏族群中的决定权。

二元系统的另外一个好处，是可以和婚姻关系自然结合。两个氏族群很自然成为彼此的外婚对象，你这群的人娶我这群的，总是如此交错联姻。一来清楚地避免了内婚禁忌，二来又可能让两个氏族群的联系更密切、更自然。

传统观点认为商人的王位继承方式是兄终弟及。这个“兄弟”关系需要稍做调整和补充。在氏族群的二元系统中，甲族的领袖去世了，换成乙族执政，换的一定是乙族最强大、最有威望的人。这个人显然不会是个小孩，其辈分应该接近原来甲族的领袖。换句话说，如此二元轮替的执政，不会产生快速世代交替的效果，而是这一代两群的强者轮完了，才会换成下一代接棒。这些掌权的王，不见得是亲兄弟，只是从后世的王位继承方式角度看，就变成了兄终弟及。

二元系统也反映在董作宾先生所称的旧派和新派甲骨文形式上。[1]董作宾先生最了不起的贡献，是将能找得到的每一片甲骨耐心地系年、系月、系日。如此细密整理后，他发现不同王在位时，有两种不同的卜法，也有两种不同书写卜文的方式。他将武丁时期通行的卜法及卜文制度称为旧派，将从祖甲在位时开始出现的另一套制度称为新派。

旧派和新派的差别在哪里？在武丁的时期，我们看到商人是个非常迷信的民族，他们什么都卜，什么都要问，问在另外一个空间里的祖先。所有的祭都要卜问，问今天可不可以祭，还是该哪一天祭比较好。出兵打仗一定要卜问。出猎，猎捕动物（包括羌）也要卜问。“旅”，也就是王或什么重要的人要到远一点儿的地方去，也要卜问。牺牲，要杀牛或杀羌，要卜问。王的起居，今天

[1] 此处内容见董作宾，《殷历谱》，收于《历史语言研究所专刊》，1945 年。

的生活，要卜问。

还有一种有意思的卜问，是“卜夕”，即夜晚来临时要卜。这清楚显现了先民对于夜晚、彻底黑暗的恐惧。还有“卜告”，这是什么？是卜问，这件事该不该去告诉先公上甲微呢？或者告诉大乙汤比较合适？适合问，适合这个时候问吗？对待鬼，商人总觉得要小心翼翼，避免得罪。

另外，还要“卜灾”，问问会不会有什么灾难临头。商王都是通灵的大祭司，若他突然有奇怪的不祥预感，就赶紧卜问一下，是不是真有灾难要发生。也要卜收获，看看农作物或动物的生长状况如何。遇到了特殊天象，例如日食、月食，要卜。有家族、王族成员出生，要卜。王或身边重要的人生病了，要卜。万一死了，更要卜。王做了一个梦，要卜。天一直下雨，要卜。天总不下雨，要卜。就算天气正常，也要卜，那叫作“卜好日”。

看起来，旧派简直无所不卜啊！

那新派呢？新派之新，很重要的就是大幅减少了卜问的项目。依董作宾先生的整理，新派的卜问场合，只剩下八种——卜祭、卜戎、卜猎、卜旅、卜牺牲、卜起居、卜旬、卜夕。其他那些卜生、卜死、卜梦、卜雨、卜好日……都取消了。

相应地，卜问的对象也变少了。旧派卜问时，几乎是每个先公先王都可以问，也都会被问到。然而新派从祖甲之后，缩减了范围，只有上甲微以后的才被纳入卜问范围，王亥以上的，就不在咨询之列了。

旧派卜问的对象，不限于先公先王，还有“卜河”“卜土”一类，显然是以自然神为其卜问对象的。到了新派，这样的卜问方式也都没有了。旧派卜问，也会以先公先王之外的名人为对象，例如伊尹、巫贤等。新派就不问他们了。

旧派的卜问，有很浓厚的即兴意味，遇到了什么事，看到了什么，想到了什么，都可以问。从卜问的项目到卜问的对象，再到卜问的时间，找不出明确的规律来。新派则不然，他们将这些仪式做了一次整理。祭和历法完整地结合起来。新派不会随便祭这个、祭那个，今天祭、明天祭。他们只留了五种固定的祭典，每个都有固定的日期。

这五种祭典分别是：肜祭，“肜”字在甲骨文中显示的一座鼓，旁边加上示意鼓振动发声的横线，显然祭典中是会击鼓的；翌祭，字中显现和鸟羽有关；肉祭，事实上就是纯粹的祭，“祭”这个字的本意就是将肉供俸给神或祖先；粟祭，和农作有关；最后一个是劦（协）祭，意思是所有不同的东西都齐聚在一起，协调圆满。

这些祭典都有其特殊形式，也都有其个别功能。比如肜祭，仪式中咚咚击鼓，营造出一种肃杀的气氛。从甲骨文上看，肜祭几乎每次都要杀人，有的还要割鼻子、切脚、斩腰等。甲骨文中几个字义上最残酷的字，都和肜祭关系密切。

新派将这五种祭典分布在一年中，有固定的顺序。五种祭典行完了，轮回来，也就表示一年过去了。新派对卜问和祭典的改革，牵涉历法的改革。旧派的历法从一月到十二月，若有闰月，就排在十三月。新派改将一月称为正月，凸显其重要性，另外，不再将闰月排在最后面，而是分散在各月间。当太阳计日与月亮计日的区别大到一定程度时，就多加一个闰月，可以是闰四月，也可以是闰七月，而不再有十三月。

另外，在卜文上，旧派只系日，说今天是哪一天，例如今天是甲子日。新派则是计日系月，会说今天是三月甲子日。旧派的卜甲或卜骨反复运用，没有一定规则，一块卜甲卜骨上，东一个洞西一个洞，这里问祭，那里问打猎，什么都在上面。新派的卜甲卜骨干净整齐多了，是专用的，例如“卜旬”，一整块都是用来卜旬的，每十天使用一个洞，“卜旬”一次。这块卜甲不会有任何其他用法。

祖甲在位时，出现了新派做法，因而称为“祖甲改革”。但并不是从祖甲之后，新派就彻底取代了旧派。我们看到的，是有些王采用新派做法，有些王则沿用旧派做法。

张光直先生对照发现，采用新派或旧派做法的统治集团，和他整理出的二元执政系统分布基本相符。[1]二元系统中，一个氏族群以甲族为最大，另一个以乙族为最大。属于甲族团体的王在位，用的就是新派做法，而属于乙族团体的王在位时，都采取旧派做法。

这是商朝二元政治系统存在的另一个明证。

---

[1] 此处内容见张光直1963年的论文《商王庙号新考》。

08

# 旧派、新派此消彼长与鬼神信仰的衰落

新派和旧派占卜有明显的差异。祖甲进行的改革明显强调一致的秩序，表现出对于秩序的一种洁癖。新派反对任性、随机，追求让一切都清清楚楚，什么时候做什么事、怎么做，都有固定、可控制、可预期的规律。

但这样的新派作风，失去了原本旧派所具备的弹性。在商人扩张的过程中，旧派制度很有帮助，因为旧派无可无不可。多一项祭典，没什么不好；多问一位祖先，没什么不可以；要和自然神或非我族类的祖先沟通，也没有道理要阻止。

可以想见，在这种无可无不可的态度下，商人很容易将联盟或征服的异族吸纳、融合进来。异族的祭典，很容易变成商人的祭典；异族的神，也很容易就可以和商人的神平起平坐。用这种方式，商人可以象征性地不断扩张自己的族群，把不同的人吸纳进来，成为自己人。

本来是异族异类，通过吸纳人家的祭典，再加上在人家的族徽上多围一个“亚”字纹样，异族异类就被收纳进来，变成自己人了。这是商朝势力扩张的一大法宝。

祖甲改革之后，第一个影响是，祖先没什么事做了。旧派活在人和祖先密切交接的环境中，祖先随时都在，感觉祖先随时都可以干预人的世界，所以经常大事小事都拿去问这问那。祖甲改革却将和祖先的交流沟通、卜问与祭典，予以形式化。换句话说，卜问与祭典，不再是出于王或周遭活人的需求，真有疑惑要征询，而成了必要和固定的仪式，按照固定的方式，得到固定的结果。

那种人与祖先和神互动的神秘感、不确定性消失了。旧派的氛围鬼气森森，感觉鬼神和人的生活混合，没有绝对的界限。人预期鬼神随时存在，随时可以干预，因而也就必须不断小心伺候着。新派将祭典齐整化和制度化之后，鬼神被推远了，人通过卜问、祭典形式化地与鬼神维系关系，但不再相信，也不再允许鬼神随时随地介入决定人间事务。

祖甲改革后，在新派制度中，人和鬼的世界开始分离。当人不再是用鬼来进行规范和定义时，不出意外，羌的身份认定也开始变化了。本来从商人眼中看出去，先由文化及传统认定，看到羌是没有鬼保护的，所以将他们列入兽的范围。但是，祖甲之后，鬼的标准淡化了，商人眼中看到的，就变成羌的自然外形，重新认定羌是人，而不是兽。

羌改换了身份，这不过是商人信仰系统动摇、改变的一个迹象。祖甲之后，新派势力越来越大，商人和鬼的关系也就逐渐疏远。这样的改变，和周人的崛起同时并进。周人崛起的关键之一，便在于他们采取了和商人完全不同的世界观。他们否定鬼的重要性，强调将问题放回人间、人的生活上来处理。他们和祖先没有那么密切的互动，宁可将精力放在现世。

商人原本以一套完整的鬼神信仰和相应的复杂仪式，恐吓并迷惑了所有人，因而得以取得越来越大的权力。然而到了商朝晚期，不知出于什么原因，至少部分商人（新派）自己开始怀疑这套鬼神信仰。他们自己在改变的过程中，大大减少了鬼神的影响，事实上也就是大大削弱了自身的鬼神主张，连带削弱了鬼神对于其他民族的威吓。

这样的动摇改变，给了周人机会。原先要比控制动物，利用动物通天地、动员鬼神，周人当然比不过商人。然而现在商人自己部分放弃了这个优势，还原到人间领域来，要比人间的努力，要比处理人的事物，组织联盟人的部落，过去一直活在鬼气森森环境中的商人，就比不过周人了。

羌又是这一改变的重要见证。这个被商人视为兽而压制和猎杀的民族，在周人眼中却是人，不只是平等的人，还是亲近的盟友。商人的眼睛总是朝上，朝外，朝现实人间以外的地方看，而周人专注于周遭。周人擅长协调、组织、联盟，他们用“以人为中心”的新信仰，强烈挑战活在神鬼间的商人。

在一个意义上，后来的中国人都是周人的后裔。周文化，而非商文化，决定了中国文化的基本价值。于是和周文化天差地别的商文化、商人鬼神信仰及商人建构的鬼气森森的世界，就被埋藏遗忘了将近三千年。这段历史和这种特殊的文化，竟然奇迹般地在最近几十年逐渐复活，重见天日。这是了不起的史学成就，这是我们超越传统视野，重新认识中国历史，所能够得到的惊人知识飨宴。

第 八 讲

# 从部落共主
到国家体系

01

# 中国农业文化的多中心扩散发展

我们今天无法有效解释，为什么在新石器时代后期，中国这片区域有好几个地方同时进入农业文明，在文化与社会组织上取得了重大突破。然而，通过越来越丰富的考古资料，我们可以看出，从约七千年前到约四千年前，这几个同时独立发展的中心，都不断向外扩散。

扩散的主要原因，是农业带来的人口增加。中国新石器时代的一项特色，是拥有相对高密度的村落分布。人口增加，原有村落无法容纳，就必须向外寻找新的居住与耕种地点。如此一来，各个中心都向外扩移，不久之后，自然就彼此接触了。接触带来互相影响，当然也带来对立与竞争。

互相影响，交换了农业经验，使得这段时间的农业生产效率持续提高。更多的农业生产，促进更快的人口增长，于是加强了对立与竞争。在这段时间，我们有理由大胆假设，中国这块土地上的人口成长，高于同时期的埃及和美索不达米亚平原。

美索不达米亚在两条河流之间，“美索”（Meso）就是“之间”的意思。它是由幼发拉底河和底格里斯河冲刷堆积出来的地带。关于这个地区，还有一个通用的名称是“肥沃月弯”。因为是河川下游积土，所以土地容易开垦，也容易收获，非常适合农业发展。

不过，有利于农业的条件，却也带来居住上的不便。肥沃的冲积土上没有森林，更没有山。没有树木，也没有石头可以使用。那个环境的条件相对单纯，缺乏多样性，连要盖个房子都不容易找到足够的材料。换句话说，那是个不容易自给自足的环境。农业生产上肥沃，但农业生产以外的需求，却无法得到满足。

在这样的基础上，美索不达米亚平原的文明突破，来自贸易。光靠肥沃的土壤、丰富的农产，不足以出现突破性的文明。这里的人找到了用农产去交换其他物品的方法，克服了缺乏多样性的问题。贸易就成为这个地区最主要的社会组织动力与政治权力运用原则。

在多样性上，埃及尼罗河流域的状况，比美索不达米亚平原要好。埃及从河谷中发展出来，河谷的土壤也很肥沃，而河谷的两边还有山，可以生产树木，还有大量的石材。另外，在防卫保护的机能上，尼罗河流域也优于美索不达米亚平原。河谷形成了自然的疆界，将外来的威胁挡住，别人不容易入侵。

埃及和美索不达米亚平原形成了强烈对比。美索不达米亚平原是开阔之地，很容易引来觊觎者，所以政权经常更迭。这个区域和附近地区一直有频繁的互动，经由贸易及征伐，这里的文化逐渐向四周扩散，终于形成了后来西方文化起源最重要的摇篮。

埃及有自然环境保护，外人进不来，但相对地，他们也不容易出得去。在尼罗河流域区，良好的农业条件使得古埃及文化快速发展，没有外敌又让古埃及建立了长远安定的王国组织。但这样的社会、文化沿着尼罗河往上游流传，没有多久就遇到了瓶颈。

尼罗河流域的腹地有限，埃及文化就被局限在这块领土中。很少和外界互动，也使得这个文化的防御抵抗力很低，因而后来遇到巨大威胁挑战时，就全面瓦解，再难复兴了。现代的埃及人，和建造金字塔、制作木乃伊的古埃及人，完全是两回事。现代埃及人是后来才从两河流域、阿拉伯半岛移居过去的。古埃及的文化与人种，基本上灭绝了。如此彻底中断的命运，和古埃及的封闭环境有密切关系。

02

# 由青铜器制作看中国古代社会结构

中国今天有将近14亿人口，是世界第一人口大国。不只是人口的绝对数字，中国的人口密度也是相当惊人的。这样的现象在历史上，几乎可以远溯到新石器时代。早在新石器时代，中国的人口密度应该就高于两河流域和尼罗河流域，更不用提美洲地区了。

为什么会这样？我们今天无法从考古资料上有凭有据地一步一步解释，但至少考古资料的整理，已经能为我们提供一些猜测与推论的线索。

例如藏于中国国家博物馆的司母戊鼎[1]，是目前所知最大型的

[1] 根据学术界的考证，司母戊鼎应改名为“后母戊鼎”，但有时仍按习惯称为“司母戊鼎”。

晚商青铜器。司母戊鼎有多大呢？它高133厘米，长112厘米，宽79.2厘米，几乎有半个电梯那么大。最关键的是，它的重量有832.84公斤。

前面我们介绍过商朝青铜器的铸造法，是范铸法。要先做好范，再将青铜汁浇灌进去。很多人看过青铜器，但几乎没人看过青铜汁，因为正常状态下是不存在青铜汁的。在将近800℃的高温中，由铜和锡混合的青铜才会熔化成液体。

如何将青铜原料加热成青铜汁？商人使用的器具是坩埚，后世叫将军盔。以司母戊鼎的规模，大约需要七十个将军盔烧出的青铜汁才够。铸这样一个大鼎，能不能一次浇一点儿青铜汁，分几次浇灌？不能，因为如果那样，青铜温度不同，冷却过程中就会产生缝隙，到时候将外范拆掉后，里面的青铜器不会牢牢结合成型。

铸这种鼎，只有一种方式，那就是准备好至少七十个将军盔容量的青铜汁，在最短时间内一次浇灌完成。一个“将军盔”要装十多公斤青铜汁，将军盔本身也有将近十公斤重，要生火并且煽火提高温度，还要举“盔”浇灌。如此一来，最保守估计，每一个将军盔至少要动用四人，也就是至少要有两百八十人密切配合，同步作业。这还只是浇灌青铜汁的直接作业人员，若加上其他不同工作所需，铸造司母戊鼎的工坊一定超过三百人。三百人必须严密合作，依照固定工序，才有可能铸出这口大鼎来。

三百个专业人员！再看看之前谈过的郑州商城，城墙全长接近七千米，由夯土构成。七千米的城墙，据估计，需要约八十七万立方米的土方。从把土运来倒进筑好的版内开始算起，要夯成这样一座城墙，得耗费至少一千三百万个工作日。也就是说，如果每一天动员一万人来夯城墙，全年无休，都要四年左右才能完工。一万人，四年！

这种规模的工程，依常理判断就知道，绝对不可能每天动员一千三百人，花一万天，用三十年时间夯筑出来。因而合理估计，盖这座城墙每天平均动员的工人，应该介于三千人到五千人，可以在八到十年筑好。

三千到五千人，长达八到十年的持续动员，这是另一个惊人的数字。

03

# 动用大批人力的“劦田”

再举一个例子。从甲骨文和古文献学资料中，我们看到有“劦田”[1]的名称，那应该是动用大批人力的集体农耕制度。在考古发掘上，安阳出土了一个工具坑，坑里挖出了440把石镰，即石制的镰刀。几乎每一把镰刀上面都有明显使用过的痕迹，因而这显然不是一个镰刀工厂的遗址。

这显然也不是石镰废弃坑。因为在坑中和大批石镰一起出土的，还有青铜器和玉器等贵重物品。将所有条件考虑进去，这应该是商朝集体农作最清楚的证据。这里有一个贵族，他是“王

[1] 劦田亦作“协田”“𦔍田”，出自《殷墟书契续编》卷二第二十八叶第五片：“王大令众人曰：𦔍田，其受年。”“𦔍田”指的是协力耕作。

大令众人劦田”的劦田领导者，他控有劦田的农具，发给众人去耕作。

那众人是谁呢？有不同的主张。早期大陆学者一贯认定众人就是奴隶，但依照现在的理解，似乎可以有更细致些的分辨，我们后面再仔细讨论。这里先假定众人就是商朝的一般人民，由贵族管理、领导他们合作劦田。

古文献告诉我们，周朝农作的主要方式有三田制，就是三块土地轮种。在农业初起时，人们凭经验发现，在一块田地上持续种植同样的作物，其产量会递减。必须停止种植，让土地休息。后来积累了更多经验，才发现可以用轮流种不同作物的方式，使得土地不用休耕。今年种麦子，明年可以种豆子，后年可以种蔬菜，种完蔬菜就又可以种麦子。这样三块田作为一组，可以一直有稳定的产出。

周朝的三田仍然停留在种一休二的较原始状态。一块土地长了一年麦子，就休耕两年，每三年才种一年，因此需要三块土地来轮流，才能确保所需的农业收成。这样的耕种方式较为粗犷原始，而且需要有较多的土地可供利用。

我们可以由三田制回推劦田的做法。一块土地休耕了两年之后，要重回农业生产，得费一番整理功夫。所以要找来众人一起砍割两年来长起的杂草。两年，有的都不只是草，可以生成杂树了。

这就是为什么会有四百多把镰刀放在一起。这些镰刀不是用在收成上的，而是拿来提供给众人，让他们协助进行“田”，让土地变成可耕种的田的工作，这叫作“劦田”。

劦田过程中，光靠人力、镰刀或许还不够，或许也用上了火，将砍下来的杂草杂树焚烧，让灰沉淀进土里成为养料。这些工作都不是以个别农家为单位进行的，在商朝已经有了高度组织化的做法。他们已经习惯并娴熟于运用几十、几百甚至几千人参与的集体动员形式了。

04

## 商朝的大型动员和组织能力

我们从历史上看到的事实是，商人已经拥有大规模动员与组织的能力，而且靠这种能力建立起辉煌的文明来。这已经是很明确的国家组织了。原始的部落和酋邦，绝对无法动员和组织那么多人来进行农作、工程建设或工艺创作。那进一步问：商人如何获得这样的大型动员及组织能力呢？我们前面描述的几个现象与做法，应该都对商人的动员和组织有正面作用。

最关键的，应该是商人的鬼神信仰，是他们以鬼神为中心的基本生活形式。我们知道殷是商朝的最后一个都城，我们也在安阳挖出了殷墟。文献中经常出现“大邑商”的称号，显示商人在这里应该有城，有惊人的城郭建筑，是座大城。然而在殷墟出土的，却主要是陵墓、陵寝。虽然也在不远处挖出了城墙遗迹，但考古学家判断，城墙和殷墟的主体不是同时建造的，也不属于一体，城墙要比殷墟时间早，属于中商时期遗址，而非晚商。

日本史学家宫崎市定很早就对殷墟有特别的判读。❶在中国史研究上，宫崎市定有很大的贡献，是日本“东洋史”研究领域的大腕。他对中国史做出许多革命性的解释，和中国传统说法大不相同。他的成就一部分来自他有和中国学者一样好的中文阅读水平，但他读中文史料的方式却不受中国历史传统拘束。他常常跳过传统解释，直接从史料原文意义上去判读。

宫崎市定给中国古史带来的最大震撼之一，是提出了城邦说。他认为中国古代曾经有过一段城邦林立，以城邦互动关系为主的时代。那种状况，和后来的帝国中心运作大不相同，反而比较类似古希腊历史上所见的城邦交流。随着帝国的建立，这样的城邦时期被遗忘了。后来中国历史传统解读古史记载中的城邦现象时，都依照解读者本身的视角，使之赋予了帝国式的含义。

宫崎市定的这个说法刚提出时，被认为是离经叛道的主张，被日本和中国的许多学者视为胡说八道。然而，经过几十年平心静气的研究理解，到现在已经成了我们认真重建周朝之前历史不得不借助的重要观念了。本书后面会有许多篇章涉及这段城邦历史时期。

关于小屯殷墟，宫崎市定提出的看法是：安阳并不是“大邑

---

❶ 此处内容见（日）宫崎市定，《中国上古的都市国家及其墓地——商邑何在》，收录于《宫崎市定亚洲史论考》，上海古籍出版社，2017 年。

商”的所在，殷墟的本质就是陵邑，不是人居住的地方，而是给鬼住的地方。注意，他不是否认文献上视安阳为晚商都城的说法，而是指出，商人所谓的都城，和我们后世想的恐怕很不一样。都城是最主要的权力象征中心，而商人最主要的权力象征中心，就不是人居住的，而是鬼住的。

对商人来说，鬼城比人城重要。商人的生活是以鬼，而不是以人为中心的。殷墟的建筑规模和样态，殷墟周边没有比陵寝更堂皇的宫室建筑，具体地为我们呈现、证明了这件事。

甚至更进一步，我们可以假设商朝晚期的王的生活或许有很大一部分，就在这块鬼域里。他们之所以是王，是因为他们具备和祖先沟通的垄断权力。彰显他们独特地位与能力的一种方式，就是与鬼同居。这是个只有少数握有特权的人才能进得来的鬼域，也是商朝政治真正的核心。王和祖先，而不是王和朝廷或王和大城，才是构成商朝统治权力的关键条件。

了解商朝，必须回到他们的鬼神信仰、鬼神主张，人和鬼神没有隔离界限的生活方式。

05

# 商朝的鬼神信仰

先民的生活环境中，有许多超越他们所能理解，更超越他们所能控制的现象。这些现象和人有距离，却又产生切身的威胁。因而若是有人宣称——并能找到方式说服别人——他们有能力影响、改变、决定这些现象，能够在关键时候显示对这些现象的掌握，那么就很容易获得权威地位，赢得别人的崇敬与服从。

张光直先生用两个文明的例证比较，帮助我们理解商文化，一个是西伯利亚萨满教，另一个是美洲玛雅文化所见的信仰系统。这两种文化最突出的特征，就是相信人的生命和周围大自然的种种力量及现象之间是连续的，没有本质的差异，也就是人和人以外的现象是一体的、连续的。

这样的世界，不是建立在切分的范畴架构上，平铺一片，不觉得这里有人的领域、动物的领域、死者的领域和神的领域的隔绝。通过某种固定的方法，人很容易就能走入动物的世界、死者的世界、神的世界……

这样的世界观，帮助那时候的人处理无所不在的威胁恐惧，帮助他们安排生活。在那样的环境中，人不知道明天会不会刮大风，下大雨，不知道什么时候身旁的大树会倒下来，不知道哪只野兽会冲过来攻击人……因此，一种合理的自我保护方式，是说服自己相信，面对所有的未知和不确定，我不是真正无助的，其实我和所有这些现象，这些生死相关的变量，是有联结的。我有方法可以借由这样的联结影响、改变、控制这些力量和这些现象，至少可以预先知道。

只有这样，人才能得到一点儿基本的安全感，才能在安全感的基础上安排自己的作息和生活。人们相信今天在这个地方杀了一头牛，就可以阻止明天或下个月将要出现的洪水，就有信心、有力气在这里耕种，等待收成。杀一头牛真的带来了没有大雨的结果，他当然就很容易感觉到：我和牛，还有那掌握决定大雨的意志，中间是有联结呼应的，是可以沟通的。

一直到 20 世纪，维特根斯坦还自信地宣称："死亡不是人类经验。"[1]的确，死亡是离人最近，却一再逃离人类理解与掌握的

---

[1] 维特根斯坦的原文是：Death is not an event in life: we do not live to experience death. If we take eternity to mean not infinite temporal duration but timelessness, then eternal life belongs to those who live in the present.

现象。死亡的吊诡在于，人在生活中不断旁观经历别人与别的生物死亡，也明知死亡终将降临在自己身上，却无从真正体验死亡。死亡来临的那一刻，他就不再是人了，他作为人活着无可取代的关键因素——意识，在死亡的瞬间同时关闭了。

死亡一直都在，却一直都是经验上的谜。前一刻还活着，还动着的，下一刻就静止不动了。最自然、最直接的想象，就是有个什么东西在那一瞬间从身体里离开了，这个东西就是生与死的最大差别。

这个东西，不管如何称呼，就成了人们最容易接受的生死解释。一直到今天，大部分人仍然无法接受，死亡就是终结。没了，这个人的这份记忆与意识从此结束，不存在，没有就是没有。不，大部分人还是需要相信死了之后，人有一部分从身体离开，去了不一样的地方，继续存在。

人们理所当然地想象并推衍：有东西从活着的人身上离开，留下硬邦邦没有反应的尸体，那么原来会说话、会反应的能力，一定是离开的东西启动、控制的。所以如果能在别的地方找到这个东西，我就还能继续与它沟通。

萨满教主张天地之间所有的活人与死灵，没有绝对隔绝。活人的领域和死灵的领域是共存且互通的。萨满教的“萨满”，指的就是有能力可以在这两个领域来回的人。表面上看来或许和我们一样，但他随时可以“咻”地去到另一个死灵的世界，然后又“咻”地从那个世界回到我们这个活人的世界。

张光直先生发现，商文化带有浓厚的萨满教意味。商王都是能够通天地的人。人们愿意接受死灵可以和人沟通，但不是大家在生活中随便都能遭遇死灵，召唤死灵。关键不在于商王主张自己能通天地，而在于别人相信他们真能通天地。

商朝文化所成就的，依照张光直先生的解释，大部分都和建立商王通天地的权威有关。这个时期的中国国家组织建立在商王通天地的巨大权威基础之上，因而得以威服众人，大规模动员。张光直先生将这些相关的物品、仪式和现象通称为商朝的统治机制。凭借这些机制，商王反复提醒别人他的超越能力，以及他们独占这个能力的特殊地位。

06

# 商人的“连续性的世界观”

这样一种“连续性的世界观”，在先民文化中应该极为普遍。那是一种原始和自然的想象延伸。然而，在人类历史上，不同区域在不同时代，陆续打破了这种连续性的世界观，代之以不连续的世界观。[1]在西方，一神教的兴起，是最关键的变化。

[1] 该说法来自张光直先生。根据杨照先生《经典里的中国》对庄子的解读，可以如此理解“连续性的世界观”和“不连续的世界观”：“连续性的世界观”意味着人和外在环境之间，没有一道明确的断裂区隔。世界万物跟我没有绝对的差别，这个可以变成那个，那个也可能变成这个。死亡不过是连续现象当中的一个变化阶段，因而当然没有理由假设活人和死人被隔绝开来。“不连续的世界观”把人和非人清清楚楚划分开来，认定人的领域和非人的领域，存在着无法跨越的鸿沟。人不会变成非人，非人也不可能变成人。人只能掌握，也就只应该关切人的领域，对于在此之外的非人领域，敬而远之，存而不论。抱持“不连续的世界观”的人，不相信鬼神会介入人事，不相信有渠道可以贯通交流人与鬼神，就算鬼神存在，也只存在于他们自己的那个领域中，那个领域和人的领域中间，有着不透明、不能穿越的坚实壁垒。

从中东地区发源的一神教相信，只有一个神。他们主张只能有一个上帝，同时主张这个绝对一神的绝对性也反映在他和人的距离上。人及万物都由这个上帝创造，面对上帝，人、万物和上帝之间，都存在着被造物与创造者之间的鸿沟。创造者是主动的，拥有创造及毁灭的一切权力，而被造物连自己的生命都来自上帝的赐予，纯粹是被动的，没有任何主动权。

此外，在爱琴海沿岸，古希腊人产生了另一种想象。他们想象诸神住在奥林匹斯山上，俯视人间，随时可以干预人的生活。在古希腊神话中，人很无力，也很无奈，无从参与神的世界，神却常常以人为作弄对象。诸神之间的纠纷，往往也莫名其妙地祸延人世，人也无从抵抗，更无法改变。

除了神的作弄、干预外，还有更没得商量的命运。命运比神还要强大，还要绝对，就连神都受到命运的拘束和管辖。人顶多只能通过神谕来知晓命运，但命运之所以为命运，就在于即使人事先知晓命运的安排，不管多聪明、多努力，都不可能改变命运，不可能摆脱命运的结局。

犹太教及其衍生的基督教，以及古希腊神话，给人的都是不连续的世界图景。人和更巨大、可以操控人的非现实力量，中间是断裂的。人只能观察、祈祷，却没有任何通道能够影响和改变。

但这两个传统，后来成为西方文化的源头，又借西方文化的扩张，成了世界上的主流。在这两个传统的笼罩下，不连续的世界观明显占了上风，以至于让人们遗忘了。若从历史的观点回溯，有很长一段时间，连续性的世界观其实才是人类信仰与想象中的多数。

商人抱持的也是这种连续性的世界观。商的统治者宣称，而且显然相信自己能够有效地和死灵世界沟通，有特权可以在不同世界间穿梭来往。关于那看不见的世界，存在着看不见但可以伤害人们的力量，即使到今天，人们还是充满好奇和惧怕。我们其实仍然活在残存着暧昧疑惑的情境中。没事的时候，你不会相信算命，算命的跟你说冲煞，你可能嗤之以鼻。但三年后，你觉得自己的生活中诸事不顺，儿子顶撞、老公天天晚回、妈妈生病、爸爸离家出走……这时算命的说着和三年前一样的话，你的态度就不一样了，就开始倾向于接受了。

07

# 商人权力的基础

商人崛起的过程中，驯服了别人驯服不了的大型动物，在和动物接触的过程中取得了特殊的自信。“我能拥有别人没有的力量，让别人怕我，不能抵抗我，因为我的动物是我独有的帮手，别人没有这种帮手。”于是，他进一步相信，这样的帮手可以带来别人无法做到的许多突破。其中一项就是通过与死灵的沟通，来控制自然中的种种伤害和破坏因素。

一旦他自己真正相信，显示出面对这些困扰所有人的伤害和破坏时的自信与勇气，就能在别人面前取得高度权威。那不是他扮演出来的，而是出于某些理由，他真正如此相信。这就很容易影响他人，说服他人接受他的这种特殊能力，给予他相应的特殊地位。

再加上运用动物力能取得的优势，商人就比周围其他部落民族更强大。几个因素加在一起，到后来，他们不需要真正动用武力去征服别人，转而以通天地能力的自我信仰与自我催眠，就能说服别人接受他们的领导地位，服从他们的动员组织。建构起有效的动员组织机制，商人的优势就更稳固，更有条件威胁利诱更多更远的部落民族加入他们领导的系统中。

如此循环增长其权力与能力，这应该就是到商朝，中国步入复杂国家组织，政治统治范围大幅扩张的主要途径。

不过，商人要维持有效的统治，就需要被统治者接受其鬼神信仰。信仰带来权力，失去了信仰作为权力的基础，被统治者不受看不见的鬼神威吓的话，统治者的权力就被大幅削弱了。商人以各种方式，包括自身沉浸在不断加强信仰的种种仪式里，让和鬼神有关的仪式和生活的每个细节纠缠在一起，来维系由信仰所提供的权力。

这样的权力模式有两个隐忧：第一，怕遇到不在这个系统中的人，以现实实力挑战他们的权威；第二，怕在这个系统中，有人模仿、学会了他们创造鬼神沟通情境的种种手法，破坏他们在这方面的独占地位。

从周人兴起进而取代商人的权力轨迹看，我们更有理由认识商朝的政治文化。周人在历史上的发展变化，刚好应合了这两项信仰权力的弱点。他们是借由不接受这个系统，同时又学习和掌握了这个系统中的几个关键能力，得以成为商人最可怕的对手。

08

# 周人的崛起

夏人的根据地在山西、河南一带。商人源起可能偏东，取代夏人成为共主后，势力往西延伸到原先夏人的领域。而一般相信，周人从更西边来，他们最早的根据地在渭水流域，也就是今天的陕西。

周朝早期考古的中心，在岐山周原。对待周朝考古出土材料，和商朝考古有一项关键差异，那就是周人留下的文献史料，要丰富得多。因而考古与文献的对比、发明，成了重点。不能考古归考古，不能单纯从考古上来解释周人与周文化。

商朝武丁时代，在甲骨文中开始出现“周”这个称号。这表示周人已经不断向东前进，与以河南为核心的商人势力范围有了较密切的接触，甚至构成了商人领域的威胁，所以受到商统治者的注意。

看一下地图就知道，从渭水流域到河南安阳有很长一段距离。周人在渭水流域活跃，竟然会威胁到远在安阳的商人，那周人的势力也未免太大了吧？依照古文献近乎一致的记录，武丁时期的周人还在筚路蓝缕的阶段，需要经过公刘以下好多代的经营努力，才能在文王时得到西伯的地位与影响力。换句话说，他们花了超过百年的时间，逐步逼近并包围商人。这样的记录，不像是早早就已经从渭水流域扩张到安阳附近的一个民族。

《诗经·大雅》描述了周的发展过程，曾有一个时期“窜于戎、狄之间”，然后在公刘时迁到豳，到了古公亶父再迁到周原。依照这样的描述，钱穆先生主张，周人最早应该起于晋南，即山西南部，而不是陕西。传统理解将迁豳，迁到周原，视为都在同样的渭水流域间移动。但这种说法，一来无法解释“窜于戎、狄之间”的记录，二来也很难应对早在武丁时期，商人甲骨文上就出现周的事实。

如果周人起于晋南，那就都说得通了。古文献中提到戎、狄时，其方位几乎毫无例外地都在北方，夏人和商人活跃区域的北边。周人最早可能是山西南部的农业民族，但一度放弃了农耕，“窜于戎、狄之间”，也就是改换为戎、狄一样的渔猎生活。“窜于戎、狄之间”也没有过得很好，所以索性整个部落另寻出路，在传奇性的领袖公刘的大胆领导下，远迁到渭水流域的豳，然后再往西移到周原，在那里找到了适合农耕的新天地。

因为他们源起山西南部，靠近夏商核心区域，所以早在武丁时代，已经和商文化接触。这就可以进一步和周原考古发掘联系上。周原考古所见，早周文化已经有了青铜器，也出土了卜骨和少数卜甲。这应该就是周人在晋南和商人先进文化接触的结果，他们已经吸收了部分技术，将之带到周原。

另外，正因为周人是从晋南远徙来的样子周原，当他们落脚周原时，这里有其他民族散居。要能定居周原，他们必须和原有的住民协商、联盟。这也的确是史料上所见周人的关键长处，后来就是靠善于协商和联盟，让周人能够取得足以威迫商人的实力。

09

## 周人和羌人的联盟

《诗经·大雅·绵》有云："周原膴膴，堇荼如饴。"极赞周原土地肥沃，在这里种出来的东西，连苦菜都是甜的。

岐山周原的土壤条件，适合当时的农业，以有限的工具与人力，就能深耕丰产。周人找到这个地方，真是幸运。但我们不免要问：那么好的一块地，怎么会轮到远从晋南移居的周人来占用和开发呢？这里没有原住民吗？周人来到之前，没有农业吗？

这里之前应该有原住民，但这里没有农业和农业文化。原本住在这里的，是被商人视为动物的羌族。商人将他们视为动物，其中一个原因就是他们相对而言迟迟未进入农业生产，很可能仍然以渔猎为生，远比商人落后和野蛮。

周人姓姬，而在周朝历史上，除了王族的姬姓外，最重要的就是姜姓。“姜”和“羌”基本上是同一个字，商人甲骨文中带着轻蔑贬抑的意味称羌，等到羌人也进入了使用文字的阶段，他们就转化羌而为自称的姜。

由羌到姜，由无文字到有文字，中间关键的因素，很可能就是新移居过来的周人与周文化。周人在这里，和羌建立了密切的合作联姻关系。

从金文和古文献中整理，西周一共十一代，十二个王。其中极其规律地隔代就出现一位姜姓的王后。一、三、五、七、九、十一，单数代的王后都姓姜。这个规律绝不可能是偶然。姬、姜二姓明显形成了一个二元融合团体，固定地交叉通婚。这一代，姬姓男性领袖娶姜姓女子为妻，下一代就换成姜姓男性领袖娶姬姓女子为妻，如此不断加强联姻关系。

为什么姬姓和姜姓如此亲近？最合理的解释是：姬姓周人远徙到姜姓羌人的地盘，发现在这个宜于农耕的丰美之地，住着一群不懂得农业的渔猎民族，只要和羌人维持良好关系，周人就可以轻易地占用这块良土，在此安居。

从晋南出走后，周人一度先落脚在豳，但没多久就又再度迁移。显然，在豳地生活没那么容易。就算一时靠武装征服，压服豳地原有居民，但在建立农业新据点的过程中，很难不遭到抵抗。外来的周人解决不了这个问题，只好再从豳出走，走到了周原。

何其幸运，周原的状况和豳大不相同。这里是羌人的地盘，他们不是农业民族。这个民族的文明发展程度，低于近邻的其他文化，尤其是低于居于统治共主地位的商人。商人将羌族视为动物，无情地加以猎杀，用来作为祭礼上的牺牲。很显然，羌族对商人不可能有好感。

商人对羌族也有明显的敌意。为什么要这样猎杀和迫害羌人？一个可能的理由是：商人在羌族身上，看到了自己的过去，也就格外小心防范，不让羌族走上和自己一样的路。

和过去的商人一样，羌族也在渔猎生活中，开始培养出和动物的特殊关系，介于从渔猎进入畜牧的转折阶段。他们正逐渐脱离单纯的渔猎生产，具备了初步的畜牧知识与能力。羌人被商人猎去后，除了当牺牲，有时还用在协助生产上，那是因为羌可以帮忙进行初级的畜牧工作。

商人文化发展比羌族先进得多，除了更大规模、更有效率的畜牧之外，还有固定的农业基础。然而对商人来说，他们最重视的毕竟还是独到的大型动物畜牧经营，那是他们赖以崛起的看家本领，因此，他们特别注重对羌族的压制，对羌人特别残暴，毫不留情。

在这样的历史情境下，周人来到羌人控有的周原，很快改变了商人和羌人之间的互动。周人快速建立了农业据点，因为这里原本住着渔猎和畜牧的羌族，他们不懂农业。周人的农业基础，和羌人的渔猎、畜牧，很自然地互补起来，发挥双赢的效果。

外来的周人和原住的羌人一方面在生产形式上没有冲突，另一方面又有着对外的共同敌人，一推一拉，两股力量同时作用，使得他们的合作关系进展迅速，并不断升级。发挥推动作用的共同敌人，当然就是统治共主——商人。

10

# 周人偷学商人的青铜铸造和文字

周人从晋南到了周原，找到了新的宜农土地，因为这块土地刚开始进行农业开发，原始成分仍然完整保留在土壤中。这里的农业生产力可能高过已经开发多年的豫西、豫东一带。而之前长居晋南的历史，又让周人通过接触，已经熟悉商人的文化运作，有了基础的模仿能力。

周原考古发掘出了早周时期的青铜器。从出土条件上看，这些青铜器绝对不是从外面搬运进来的，而是在当地铸造的。其铸造手法，沿袭商人的范铸法，但明显比同时期的商朝青铜器粗糙。周人没有能力在青铜器表面铸造出细腻多变的纹饰，也就是大体结构的铸造技术他们学会了，然而关系装饰细节的手法，他们和商人之间仍有颇大的差距。

范铸法的运用，以及纹饰上的匮乏，使我们可以合理推断：周人的青铜工业技术，是从商人那里学来的，而且很可能是偷学来的。大体工艺偷得到，学得来，但细一点儿、更深入涉及商人青铜器神鬼意义的那一部分，周人就没办法学到了。

另外，周人也将“卜”带到了周原。在凤雏的考古遗址出土了一万七千多片卜甲和卜骨，其中一百九十片上面有字，一共找到了大概六百个字。刚开始，有人猜测凤雏出土的甲骨文属于商文化，但和安阳出土的甲骨文相比，却有明显的差别。它们刻写的方式不一样，笔画也不一样。凤雏甲骨文要比安阳所见的细瘦且长。

更清楚的，是凤雏卜文记录方式和安阳的不一样。商人以天干地支记日，甲、乙、丙、丁配子、丑、寅、卯，但凤雏卜文却是用月相来记日，也就是记录这一天月亮的圆缺状态。“望”“霸”“既”“既生霸”“既死霸”等等，都是月相的专有名词。我们现在仍然无法确认这些名词的意义，有好几种不同的解释，所以在以这些卜文记录来断代、订年上遇到了很大的困难。不过，我们确知这种月相记日法不属于商文化。

以有限的凤雏卜文和庞大的安阳卜文资料相比，可以看出：第一，周人用卜的范围远小于商人；第二，周人使用的文字，也比商人少多了。我们可以由此推断：周人用卜刻写卜文的技术，很可能是从商人那里学来的。搬迁到周原时，都还只学了点儿皮毛。

周人用卜，恐怕不是真正相信卜，相信借由卜和祖灵沟通的功能；毋宁是借此向商人示威：“这种本领不是只有你有！”在有限的一百九十片卜文中，有大约八十片刻写的内容和商人有关，是以商人祖先为卜问对象的。

看到这样的现象，我们忍不住想象周人的心态，想象这中间的过程。这一群在晋南活动的新兴民族，不知用了什么方式（派了两百个不惜牺牲性命的间谍？）潜入比他们强大许多的近邻商人之间，打探、模仿商人的统治秘密，历尽千辛万苦，终于带回了卜与卜文。“就是这个！他们就是靠这个和鬼沟通，也就是靠这个耀武扬威！”

突破获取了秘密的周人，第一个反应不是“那我也来用这套方式和我的祖先沟通”，而是“那我就能够用这套方式来和你的祖先沟通了！”因为商人向来宣称他们自己的祖先最强大、最厉害，而且商人垄断了和祖先沟通最有效的手法。

周原甲骨中，多次出现相土的名字。这正是商人先公中和动物关系最密切的一位。到周朝的文献中，相土转型变成了社神，一个最早的土地公。

相土进入周人神祇系谱里，有两种可能性。一种是单纯偶然，周人从商人那里看到相土的名字，看到了“土”字，就望文生义，将他封为土地公了。还有另一种可能，也许周人是有计划地改写近邻强国的历史，把人家有力的祖宗搬过来放在自家系谱上。

依照后来周朝的文献，周人的始祖是弃，而弃的父亲是帝喾。有意思的是，帝喾的元妃姜原生了弃，帝喾还有一个次妃简狄则生了契，那是商人的祖先。因而，周人祖先和商人祖先是同父异母的兄弟，而且周人是元妃之后，商人只是次妃之后。

这样的说法，怎么看都像是周人创造出来，而且故意贬抑商人，占商人便宜的。现在我们从凤雏甲骨中得到了进一步的证据，周人从商人那里偷学了卜的功夫，然后利用卜把商人的祖先拉到自己的阵营里来。

这种做法明显针对商人原本拥有的最大优势而来。通过卜，尤其是通过卜来和商人的祖先如相土联系，周人侵蚀了商人的权力威胁："我可以靠我的祖先之威压过你的祖先，我可以让你的祖先降祸于你，不保佑你！"学会了用卜和相土沟通的周人，这时可以挑战商人的威胁了："你的祖先不一定都听你的吧？"

11

# 周人对商人技艺的改革

周人偷学了青铜铸造，偷学了文字，然后在这些来自商文化的技能运用上添加了本身的特色。

周人的青铜器在样式上，远不如商人的那么多样、精巧，也没有商青铜器的繁丽纹饰。因而传统上认定，周青铜器比商青铜器朴拙。不过，少了纹饰，周青铜器却多了许多铭文。

对比甲骨文和青铜铭文，我们可以确认周人用来刻铸在青铜器上的文字，基本上和商人刻写在甲骨上的一脉相承。周朝金文中的象形字，几乎都能够在商朝甲骨文中找到近似的前身。换句话说，金文里没有太多新造的象形字。象形这种最原始、最直觉性的造字方式，到周人的时代，已经大致定型了。金文新创的，主要是形声字，也开始出现通假字，清楚表明它是在甲骨文系统上的进一步演化、发展。

这套文字，商人主要用在卜上，到了周人手里，转而主要拿来铸造青铜器上的记录。周人从晋南时代就开始努力仿效学习商人的统治机制，学来了之后，再予以改造。关键的改造，在于将青铜器和文字两个因素紧密结合在一起。周人开始大量铸造有铭文的青铜器，而且铭文的重要性，逐渐胜过了形制与纹饰。

商人的青铜器上所铸的铭文，基本上是族徽，用来标示青铜器主人的身份。周人在这个基础上大幅扩张，刻铸了更多字，给予铭文更重要的意义。周人青铜器铭文有了明确的契约的内涵。铭文中常见的固定结尾是“子子孙孙永保用”，充分凸显了他们认定青铜器的特点在于：可以永存不坏，连带地，刻铸在上面的文字也可以随之近乎永久地存留，不会改变，不会消失。

青铜器皿的意义发生了改变。在商人生活中，它是神器，可以让食物由不可食变为可食，会蒸蕴出向上的水烟，像是正在将青铜器上刻画的动物一并往上带向神鬼、祖宗所在的领域，和他们沟通往来。在周人的眼中，青铜器是最坚固不朽，可以抵抗时间、超越时间的存在。

商人的人际关系中，充满了恐吓威胁。商王以恐吓威胁之姿驾临其他氏族之上，商人也以恐吓威胁之姿统领其他民族及方国。周人却发展出了不一样的关系模式。人与人、氏族与氏族、民族与民族间，可以靠共同的交情记忆，维系合作互动。今天我们相处欢洽，今天你乐意和我合作，于是我们就铸一个鼎，在永远不坏的青铜器上铭刻彼此的关系，就此世世代代固定下来，“子子孙孙永保用”。

12

# 周人攻打戎狄和实力上升

周人从晋南往西流徙，历经波折定居在周原，有效地开发了周原优异的农业条件，快速在西方兴起。在周原，他们还善加利用了一个状况，那就是在这里久居的原住民羌人，周和羌紧密联结，一农一牧彼此互补。更重要的是，两个民族可以联手，一起对付共同的敌人——商。

太公时，太伯和仲雍离开渭水流域，带了一部分人往南朝江汉地区发展。现实情势上，周仍然臣属于商，也一度协助商人攻打戎狄。商人和鬼方发生严重冲突时，周人也站在商人这边。

周人攻打戎狄，获得很大成功。部分是因为戎狄所在的地区，正是周人的旧根据地，那是他们熟悉的地方，戎狄也是他们熟悉的邻居。周原的农业条件使周人实力大增，带着新增实力，加上旧有经验，回来打戎狄，得心应手。

打戎狄的过程中，周人又得以和留在晋南的召方取得了联系。召方也是姬姓，很明显是当年没有一起向西迁徙的同族异支的亲戚们。周人善于联盟，建构合作组织的特长，让自身的力量进一步提升。

《史记·殷本纪》中有这么一段描述："武乙猎于河渭之间，暴雷，武乙震死。"此事有蹊跷。武乙的时代，正是周人协助打戎狄之后，而河渭之间，正是周人的地盘。这位商王跑到周人的领域去打猎，然后就死在那里，回不来了。很有可能，武乙已经感受到周人的威胁，以过去猎羌的习俗，带着军队进入渭水流域，然而此时情势大不相同了，武乙的嚣张举动，在那里引来了杀身之祸。

接下来，周人伐岐，伐崇，一步步进逼殷商。到了帝辛，也就是纣王在位时，发生了商人和人方的战争。人方是怎样的民族？许倬云先生主张：人方和戎狄一样，都是受到气候影响而南移的草原民族。[1]但更早时，在划时代的古史研究论文《夷夏东西说》中，傅斯年先生有另外的看法，他认为人方是东夷的一支。

从地望上看，尤其是从人方的名字上看，我们有理由多考虑傅斯年的说法。从许多民族志上看到的通则，原民文化中部落族人的自称，和普遍的人的称呼经常是一致的。台湾的原住民达悟人，达悟是他们的名字，就是"人"的意思。"泰雅"也一样，既是族群名，也代表普遍的"人"。

---

[1] 此处内容见许倬云，《西周史》，生活·读书·新知三联书店，2001年、2012年。

由此推论，商人会将这个民族称为人方，以人称之，应该有特别的道理。被叫作人方的，不会是随便一个新近从草原南下的民族。

我们也可以拿后来历史上的例证作为参照，来理解商朝末年发生的事。崛起于东方的商人，取夏人而代之后进入中原，也许就像鲜卑人建立北魏，从平城移到了洛阳，或是清朝时女真人从东北进入北京。南北朝时期的北魏后来分裂成了东魏、西魏，为什么？因为发生了六镇之乱。六镇就是原来留在北方，没有一起进入中原的鲜卑势力。再看清朝，为什么始终小心翼翼地维系它在东北的特殊地位？因为那是他们的根据地。他们一方面要为自己保留万一在中原待不下去的退路，另一方面也要担心东北的同族状况。

人方很可能就是商人的“六镇”。那是同属东夷的旧亲戚部族，现在反目成仇。这当然非同小可。第一，人方和商人拥有同样的文化基础。第二，人方占有商人东方的原居地。在某种意义上，本来应该是商人最亲密的支持者，一旦翻转，就会变成商人最可怕的敌人。

13

# 周人轻松翦商

纣王时代，商人显然至少两面受敌。东边有自家旧族人方反乱，西边又有新兴的周人步步进逼。在这样的敏感时刻，发生了西伯昌也就是周文王被囚禁在商人领土上死去的事，成了周人和商人正式决裂的导火索。

文王一死，武王就发兵翦商，在孟津大会八百诸侯。

第一次发兵没有真正和商人接战，周人冷静考虑后退兵了。两年之后，再度出兵，这次就不退了。“利簋”❶上的铭文，留下了当时宝贵的记录。铭文清楚地显示，这次周人出兵，早上举行

❶ 利簋，又名“武王征商簋”、“周代天灭簋”或“檀公簋”，西周早期青铜器。利簋铭文内容与中国古代文献记载完全一致。

了出兵典礼，到当天的黄昏就将商人大军打败了。另外还有“何尊”[1]上的铭文，记录了接下来发生的事。黄昏时商人大军溃败，经过一夜，周人商量后决定不停留在原地，直接向北追击，进军朝歌。

综合“利簋”和“何尊”的铭文，我们明白看到：周人翦商出奇顺利，把他们自己都吓了一跳。两年前大会孟津后又退兵，显然是因为担心自己的实力还不足以对抗商人。短短两年后，周人自身的态度仍然战战兢兢，但一打，却发现商人如此不堪一击。胜利比周人最乐观的想象还要容易，还要彻底。

尤其是“何尊”铭文的口气，看得出周人原本并未期待就此取商而代之。出兵的动机，毋宁是要展示威力，抵抗商人的压迫。但没想到一打，竟然不只打赢了第一场战役，而且一路打入朝歌，基本上没有遇到像样的阻碍。

商人怎么会如此不堪一击？应该和这个时期与人方的冲突有密切关系。另外，周人怎么会变得那么强大？有趣的是，这个问题，连周人自己都好奇探问。突如其来的胜利，让周人自己都感到惊讶和不解。一次就翦商成功，不是他们原本预期的。周人根本没有准备好接受这样的胜利，这样的结果。

这个过程中到底发生了什么事？如何解释掉到我们头上的巨大胜利？这样的胜利是好事吗？我们有资格接受、享受胜利的成果吗？因为意外，这些问题就在翦商之后涌上来，困惑着周人，成了

[1] 何尊，西周青铜器，其上铭文记述的是成王继承武王遗志，营建成周之事。

图 8-1　何尊拓片

他们不能不努力解答的疑惑。

他们不会想到，但我们看后来的历史发展就知道：周人面对的疑惑，他们试图解答疑惑的思考过程与建立的答案，彻底改变了中国的政治体制，甚至彻底改变了中国社会与文化的基本性格。

周人一下子让商朝土崩瓦解的“甲子之战”[1]，开启了中国文明的全新方向。神鬼退场，人文精神转而跃动上升。如果没有这样的变化，中国文明会长成什么样子，我们无法预料，但可以确定的是，一定不会有后来孔子“不语怪力乱神”“未知生，焉知死”的态度，也一定不会出现李商隐“不问苍生问鬼神”的质疑。毕竟，在原本商人所建立的文明中，鬼神远比苍生重要，甚至苍生就是鬼神，问苍生与问鬼神是无从分辨的。

---

❶ 周翦商的牧野之战又被称为甲子之战，因为根据利簋铭曰所记“武王征商，唯甲子朝，岁鼎克昏辰，夙有商”，牧野之战发生在某个甲子年。

第九讲

# 商周之际的巨变

01

# 西周的宫室建筑

早周的考古，至今有了相当坚实的成就。岐山凤雏村出土了完整的宫室基址，让我们可以还原当时的建筑配置。

令人印象深刻的，就是这个宫室基址显现了一个四合院，其空间运用形式和过去一两千年在中国北方流行的建筑形式没什么两样。这个四合院由两进院落组成，中轴线依次为影壁、大门、前堂、后室。前堂与后堂之间有廊连接。门、堂、室的两侧为通长的厢房，将庭院围成封闭空间。就连入门之处，都已经有了后来称为“树”的空间。

凤雏村出土早周宫室基址，和过去考古出土的其他基址相比，除了布局特色之外，有了前所未见的地下排水系统。这意味着已经有了成熟的规划与执行技术，知道如何在盖夯土地基时就留微

图 9-1　凤雏村宫室遗址

坡，引导水由高往低流入排水系统里。

在这里发现了最早的土坯砖。这是建筑材料上的突破，采用了预先烧制好的砖，不完全用现场夯土。在这里还发现了灰痕，那是以细沙调成砂浆，涂抹在屋墙表面的美化做法。

灰痕分布很广、很明显，也就是说必须用掉大量的细沙才能调出那么多砂浆来。从量上判断，这些细沙可能不是天然的，不容易找到那么多天然细沙。所以当时的周人很可能已经具备了烧制石灰的技术，人工造出可以用来刷沙痕的细白沙粒。

更难得的是，这个遗址留有证据，让我们可以明了屋顶可能的铺设方式。他们是用苇条加草泥来铺设屋顶的。类似的屋顶，到今天还可以在日本保存下来的老屋上看得到。当然，日本的苇条屋顶工艺技术后来发展得极为讲究、极为细腻，早周宫室应该没有那么复杂，但在材料运用的基本手法上是一样的。

在这里，也发现了最早的陶瓦。陶瓦主要运用在房屋建筑的接缝处。这应该就是后来中国建筑普遍使用的瓦当的前身。和土坯砖一样，陶瓦数量不大，应属新发展的工法技术。烧陶除了用于陶瓦外，也用在前面提到的地下排水系统上。在部分水路上加了陶管，确保不漏水，不让水渗漏进夯土里，影响夯土的强力与耐用性。

我们得到了明确证据，显示后来中国传统房舍建筑的起源，来自周文化。传统建筑的分布与功能，从“树”到“塾”到“庭”到“堂”到“室”，前后两进与左右对称的安排，通通在这里了。周人在周原发迹之时，周朝还未建立前，就已经形成了这种鲜明的风格。惊人之处不在于这种形式出现得早，而在于后来延续的时间之长。由此可以看见周文化对中国文化的深远影响，以及周人创造文化价值延续性的特殊能力。

02

# 周人的甲骨文和青铜器风格

简单对比周原考古出土的甲骨文和晚商的甲骨文，就可以感受到其间的差异，尤其是熟练程度的差异。我们有理由相信，这是周人学习、模仿商人卜文留下来的证据。

到安阳时代，商人卜甲卜骨上出现文字的比例甚高，有字是通例，无字是例外。早周卜甲、卜骨却相反，卜文罕见。出土的约一万七千片中，只有一百多片上有字，比例不到百分之一。周人卜文所用的字也很有限，和商甲骨文上所发现的四千五百多字无法相提并论。周人卜文所用的字，几乎每个字都可以在商人甲骨文中找到，所以显然不是周人自创的。不是因为新创草创而简陋，而是因为周人刚开始学，学得还不到位，所以简陋。

凤雏村考古范围甚广，发掘范围中出现了许多青铜器，而且不

图 9-2 早周甲骨图

是集中出现的，分散在许多不同地方。这些青铜器可以被很容易地归为两类：商文化风格的，以及不是商文化风格的。

商文化风格的，可能是周人有意模仿铸造的，当然也有可能是从别的地方运过来的。有意思的、重要的是出现了非商文化风格的青铜器，代表周人已经在发展自身的风格。这意味着，要么他们已经有了独立文化认同的自觉，要么他们运用青铜器的方式、认定青铜器的功能和商人明显不同，所以无法继续直接沿用商风格的青铜器，必须有所调整。

周人早期所铸的青铜器，有明白运用固定纹饰，比如饕餮纹的。但很快，青铜器上的纹饰就不断退化。很有可能是饕餮纹所象征的人与动物间的关系，不在周人的信仰里，也就不会用和商人同等的精力去维护饕餮纹的细密完整。商青铜器上最醒目的纹饰，到了周人手中越来越敷衍，越来越形式化。

有些在商青铜器中固定放在正面的纹饰，在周青铜器上就被放到不起眼的侧面去了。有些本来大面积的纹饰，在周青铜器上只剩下盖子上的一小圈了。更普遍的改变是，不管什么纹样都被简化，不再那么繁复了。

从铸造的角度看，周青铜器上的纹饰需要的工艺技术当然就降低了。整体铸造青铜器的人力和物力成本也降低了。对周人来说，这些纹饰失去了超越、神圣的意义，他们自然不会再投入那么高的成本来予以表现。

再晚一点儿，再进一步，周青铜器的纹饰就都几何化了，成为纯装饰性的线条，彻底丧失了让观者感到迷离、眩惑甚至幽微恐惧的效果。商青铜器中最主要的一种形式——类似眼睛的纹样，仿佛总有神秘的眼光从青铜器中投射过来——到西周中期就完全不见了。

图 9-3　青铜器图

图 9-4　史墙盘图

周人青铜器的特殊之处，立即让人注意到的重点，从形制和纹饰上移开，移到了青铜器所刻铸的文字上。文字越来越明显，出现在越来越醒目的位置，而且文字越来越长，占用的空间越来越大。还有，文字所诉说的内容越来越丰富，也越来越重要。

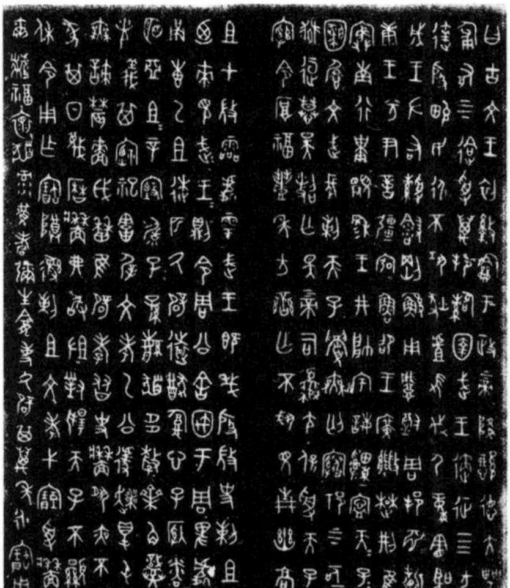

图 9-5　史墙盘铭文拓片

03

# 牧野之战的意外胜利

早周考古确证，商朝晚期在西方兴起了一个强大的文明，使得商人感受到了威胁。依照文献记录，武乙特别到周人领域来“田猎”，却在这里被雷打死，没能回去。这应该是隐讳地说明了一场商人与周人间最早的冲突。从武乙以降，商与周的关系越显紧张，商人对周人的防范与压迫也愈演愈烈。

周人翦商之前的领导人是西伯昌，也就是周文王。依照后世的记录，文王曾经被商人拘执（“囚羑里”）。文王死后，武王继位，依照《史记·周本纪》的说法，武王在位九年后，“……上祭于毕。东观兵，至于孟津。为文王木主，载以车，中军。武王自称太子发，言奉文王以伐，不敢自专”。

文王已经死了九年，为什么武王还要自称太子发？而且出兵时还要在中军最重要的位置供奉文王的灵位神主牌？有这样的安排，潜藏的话便呼之欲出。文王显然死于商人之手。周人忌讳商人的强大势力与共主地位，敢怒而不敢言，隐忍了九年时间，感觉到自己的实力上升到可以向商人讨公道了，于是武王才搬出文王神灵，发动了复仇之旅。

《尚书·泰誓》留下了这次孟津之会[1]的说法，关键的信息是“文王无罪”。文王死后，武王发兵，就是质问商人：你们为什么害死我父亲？他做了什么，让你们如此对待他？我们齐聚了这么大的同盟势力，你们不能不给一个交代？

我们没有足够的史料了解商人如何处理这个事件，周人的记录也只显示了他们后来又从孟津退回镐京。但这个仇没解决，两年之后，周人再度出兵，因而有了牧野之战。

“利簋”铭文记载：武王十一年甲子日，与商纣王帝辛的军队战于牧野，早上岁祭，黄昏时就取得了大胜。胜利来得比周人预期的快且全面，因为商军倒戈。因而在后世留下了武王光靠仁德，几乎没有打仗就翦商成功的说法。不过，在《孟子·尽心篇》中引用亡佚的《尚书·武成》，形容这场战役“血之流杵”，满地是血，多到可以将木头做的杵浮起来。

两派说法彼此对抗，看起来互相矛盾。现在我们可以依据战

---

[1] 孟津之会是周武王为了检验自己的号召力，试探各诸侯国的态度和商王纣的反应，在孟津（今河南孟津）举行的大规模军事演习，举行了大规模的阅兵仪式，史称“孟津观兵”，又称“孟津之会”。

争刚结束就铸造的“利簋”铭文，同意孟子的质疑。牧野之战应该打得很快，商人军队没有太大的战斗力，一下子就自溃倒戈了。然而牧野之战不是故事的全部，关键在于牧野之战后。

来得那么容易的胜利，不在周人预期中。这时他们必须决定：那再来呢？在很短的时间内，他们做出了不在原本计划内的决定——进军朝歌。

往朝歌去，意味着不只挑战商王的共主地位，而且要取而代之。这就没有像牧野之战那么容易了。《逸周书·世俘解》中有一个武王翦商的功绩表。[1]《逸周书》从书名到残存片段文字所用的记日方式，都显示应该是早期周人文献，这里面列出：翦商一共降伏了 99 族，652 国（也就是 652 个城邑），并在这个过程中馘首了 177779 人，俘虏了 300230 人。

综合周人文献，我们大致可以推断，牧野之战打得很快，赢得很容易，然而牧野之战的意外胜利，燃起了周人的野心，升高了他们的目标，一鼓作气往朝歌去。真正的阻力是出现在周人要取代商人为共主的过程中。有些族和国望风投降，但一定也有些反对和抵抗，必须诉诸武力才能解决。

---

[1] 据《逸周书·世俘解》记载：“武王遂征四方，凡憝国九十有九国，馘磨亿有十万七千七百七十有九，俘人三亿万有二百三十。凡服国六百五十有二。”

04

# 商、周矛盾的来源和扩大

周人翦商，是商、周关系长期紧张的结果。而他们的紧张关系，牵涉两种文化间的根本差异。

《史记·殷本纪》在记录武乙田猎于河渭之间被雷打死之前，有这么一段奇怪的话："帝武乙无道，为偶人，谓之天神。与之博，令人为行。天神不胜，乃僇辱之。为革囊，盛血，仰而射之，命曰'射天'。"

依照《史记》，武乙最狂妄无道的行为，是要和天搏斗。他叫一个人扮成天神来搏斗。谁会赢呢？当然是武乙赢了，他就将天杀了侮辱天。而且他还拿一个皮囊，在里面装满了血，高高挂起来，拿箭仰着向上射，把皮囊射破了，叫作"射天"。

这段话很怪，更怪的是，几乎完全一样的记录，在《史记·宋世家》中竟然又出现了一次。这里说的是宋王偃。《史记》原文是：“……东败齐，取五城；南败楚，取地三百里；西败魏军，乃与齐、魏为敌国。盛血以韦囊，县而射之，命曰‘射天’。淫于酒妇人。群臣谏者辄射之。于是诸侯皆曰‘桀宋’。‘宋其复为纣所为，不可不诛。’”

《史记·宋世家》又称“宋微子世家”，因为宋这个封国的开国者，就是商王帝乙的长子，也就是纣王的哥哥微子启。周人翦商成功之后，将殷遗民交给微子启，封在宋，而有了宋国。

宋就是商人后裔。很明显，因为这样的背景，春秋战国时期，宋人颇受歧视。我们看到这个时期的文献中，每每荒唐的笑话，就都推在宋人身上。大家听过《守株待兔》的故事，那个坐在树下傻傻地等兔子再撞上来的，是宋人。大家也听过《刻舟求剑》的故事，那个剑掉进河里却连忙在船身上做记号的人，也是宋人。春秋战国时期，人们的观念是，宋人特别笨，笨事都是宋人干的。

这样的倾向，一部分反映了延续几百年的差异与冲突。在周人眼中，继承商文化的宋人，就是和他们不一样，看来看去就觉得格外不顺眼。

所以当宋王偃嚣张跋扈时，人们会特别指责他“淫于酒妇人”。好酒酗酒，是周人眼中商人最不可原谅的耽溺罪行，也是周人认定商人之所以败亡的主因。至于沉湎女色，那是周人宣传纣王最重要的失德行为之一。换句话说，由商人后裔组成的宋国，现在出现了一个纣王投胎般的恶魔了。

而且，他还不只是纣王投胎，也是武乙附身，也做了和武乙同样的不道行为——射天。奇怪的是，武乙和宋王偃，为什么都要和天过不去呢？为什么要特别凸显自己可以胜天，可以把天射下来呢？

《山海经·海天西经》中有一条关于天和帝斗争的神话：“刑天与帝至此争神，帝断其首，葬之常羊之山。乃以乳为目，以脐为口，操干戚以舞。”“刑天”指的就是刑余之天，被惩罚、被砍头了的天。天为什么被砍头？因为他要和帝争最高的神位，争输了，所以被帝惩罚。然而，头都被砍了的刑余之天竟然还不服气，没有头，以乳当眼睛，以肚脐当嘴巴，还要继续与帝斗。

《山海经·大荒西经》中还有这么一段：“……故成汤伐夏桀于章山，克之，斩耕厥前。耕既立，无首，走厥咎，乃降于巫山。”说成汤伐夏桀，战胜了，在过程中将耕（应该是夏桀的部将或助手）斩杀了。但耕没有头却还跑，一直跑到巫山，才被驯服。

《山海经》的这两段故事有明显的共同之处，那就是砍了头都不屈服。一则被砍头的是天，另一则是耕。《山海经》是一本奇特的书，内容来历不明，其中许多故事的说法，和别的书里的都不一样。例如，在大部分典籍里，后羿都是反派角色，在故事里是输家，但《山海经》里的后羿却是个英雄。

考索《山海经》故事的价值偏见，我们有理由相信：这应该是一本记录东方神话的文献，至少是和东方的文明比较接近的。牵涉东、西方位时，《山海经》几乎都是重东轻西的。很有可能，《山海经》的来源和商人、商文化关系密切，因此在周朝以后，就只能以散乱的形式存留，无法正式进入周人的典范系统中，一直都是边缘性的文本。

从商人与东方的观点，记录汤打败夏王桀，驯服耕的过程，那是理所当然的。更加有意义的，是天和帝相争，而且天输给了帝被砍头的故事。后世的《山海经》插图本，通常将刑天画成一个大巨怪，和书中的其他神话角色视作等同，但如果考虑天的特殊意义，以及帝在商人文化中的重要性，这个故事要说的似乎就没有那么简单了。

天是周人的至高神，帝则是商人的至高神。天来挑战帝，被帝打败了，砍头了，却没有彻底屈服，以刑天的无头恐怖面貌，卷土重来继续挑战帝。这看起来，应该就是关于周人崛起威胁商人地位的一则寓言，精简地显示了这两个民族之间的紧张斗争关系。

商人以其一贯的鬼神逻辑，将他们和周人之间的敌对，转写为神话。你要挑战我？你觉得你比我厉害？要确定我们谁比较厉害，最彻底的方式是比比看，你后面的神和我后面的神，谁才是真正的盟主。你们家的天打赢不了我们家的帝，那么当然在世间，你们周人就应该乖乖听我们商人的命令。

然而让商人头痛的是，周人没那么容易臣服，一直在西边作怪。商人几度以不同方式试图镇压周人，周人却时常过一阵子就来捣蛋，于是反映在商人的神话里，就变成了那被砍了头却拒绝倒下的刑天。

05

# 周人的信仰和“天”的观念

将天看作会来和帝争神，这是商人的概念，却不见得符合周人自己对于天的认知与想象。

周人信仰的最突出之处，就在于和商人以神鬼为中心的系统大不相同。商人的帝，是祖先神灵的至高者，在另外一个超越领域中，但随时可以和人间沟通，也会接受人间的祈求降临来干预人事。那是一个人格神，虽然在另一个领域，然而其存在形式和人没有绝对的差异，也依循人的喜怒哀乐逻辑运用其意志。

相对地，周人的天，却是自然天，也就是抬头看到覆盖在人头上的那一片既完整又神秘的东西。这个天最重要的特色，就是我们不知道那是什么，为什么会这样无穷无尽地挂着，为什么从上面不断送下来各种我们无法抗拒的改变。阳光、雨水、风云、雷电……我们无从理解天的奥妙。

周人的天，很可能来自黄土高原的生活环境。那个时代，黄土高原雨量少，没什么树林，一片开阔，随时随地看得到天，而且黄色的大地和蓝蓝的天形成了视觉上再强烈不过的对比印象。人总是意识到天，感觉和天很接近，却又无法理解天，于是有了一种抽象的对于天的敬畏。

这不是神鬼信仰，准确地说，绝对不是商人式的神鬼信仰。相较之下，商人活跃居住的区域，植被较密，树林较多，尚未被砍伐，那样的自然环境也就较为幽暗，充满不确定的视觉、听觉因素。

周人的天是个抽象、超越的存在，覆盖、主宰一切，却相对不受人的影响操控。死去的人、鬼、神都无法和天相比，它们不是同等层次的存在。商人有很多要祭的对象，也就是有很多要沟通的神鬼。周人不一样。周人的岁祭是最重要的大祭，祭的不是自己的先祖，竟然是商人的祖先。

换句话说，祭的形式与意义，是周人从商人那里偷来的，不在他们原有的信仰里。借由祭，他们要绕道商人的后门，去解决商人势力的根本来源。周人想："你们老是宣称因为你们的神比较厉害，因为你们懂得如何和你们厉害的神沟通，让厉害的神来帮助你们，所以你们压在我们上面，逼我们就范——现在我学会与你们的神沟通了，我也能请你们的神来帮我，看你们怎么办。"

对周人来说，祖先祖灵不是最大的。天存在于一个更高的层次上，不管是商人的祖先，甚至周人自己的祖先，都必然低于抽象的、全面的天。这样的天不是有形的神，不是可以化身来和帝打架斗争的。

周人的天随时照临人间，而且随时在评断人间。天的信仰在周文化中和同样抽象的正义概念结合在一起，是周人最大的突破与贡献。天高高在上，无所不在地监视着人。人无所逃于天的监视，因而天所形成的是非评断最公平，超越了人的主观偏见。

相较于“大邑商”，周人一贯认定自己是小国，也一贯以这样的态度对待商人。然而他们的崛起造成了商人的不安，商人持续加强对他们的威吓与压迫，终于让周人感到忍无可忍。不论事实为何，周人认定商人杀了文王，是可忍，孰不可忍。为了阻止商人进一步压迫，周人联合了其他势力，对商人示威。

没想到牧野一战显示了商人的军队如纸老虎般脆弱。经过一夜的思考后，周人进袭朝歌，虽然没有像牧野之战那么容易，但竟然也将朝歌打下来了。从外面看如神一般，介于人与神之间的商王帝辛，也就是特别豪奢、讲究排场的纣王，竟然就自杀了。

这些都不在周人的预期中，他们首先迫切需要的，就是对自己解释：到底发生了什么事？为什么会发生这种奇怪的事？这时，他们原先就已发展的天的信仰，就适时发挥了解释的作用。

06

# “天命”归周

《尚书·酒诰》中记载：

“我闻惟曰，在昔殷先哲王，迪畏天，显小民，经德秉哲。自成汤咸至于帝乙，成王畏相。惟御事厥棐有恭，不敢自暇自逸，矧曰其敢崇饮？越在外服，侯甸男卫邦伯；越在内服，百僚庶尹，惟亚惟服宗工，越百姓里居，罔敢湎于酒。不惟不敢，亦不暇。惟助成王德显，越尹人祇辟。我闻亦惟曰，在今后嗣王酣身，厥命罔显于民祇，保越怨不易。诞惟厥纵淫泆于非彝，用燕丧威仪，民罔不衋伤心。惟荒腆于酒，不惟自息乃逸，厥心疾很，不克畏死。辜在商邑，越殷国灭无罹。弗惟德馨香，祀登闻于天，诞惟民怨。庶群自酒，腥闻在上，故天降丧于殷，罔爱于殷，惟逸。天非虐，惟民自速辜。”

在这段话里，说话的周公明确对比了周人的特色，尤其是和被打败的商人比较，那就是“畏天，显小民”，对天心存敬畏，同时照顾一般老百姓。他们的另外一项长处是“经德秉哲”，服从德行规范，有智慧地处理国家大政。

在这里，周公仍然带着敬意看待商人，称呼“殷先哲王”。商人先王也都有相当的智慧，从成汤到帝乙，在帝乙之前都是好王，帝乙之后才变坏了，变得“厥命罔显于民祗，保越怨不易”，不再顾念人民，只沉湎于酒。

“酒诰”之名，来自文中强调的重点——商人因沉湎于酒而堕落、衰败。因为商人堕落了，所以天才将亡国的厄运降临在他们身上。并不是天要对商人不好，天是公平的衡量者和评断者，没有私心，是商人自己堕落的行为引来了天的惩罚。

另外有《尚书·多士》里的说法：

“尔殷遗多士，弗吊旻天，大降丧于殷，我有周佑命，将天明威，致王罚，敕殷命终于帝。肆尔多士！非我小国敢弋殷命。惟天不畀允罔固乱，弼我，我其敢求位？惟帝不畀，惟我下民秉为，惟天明畏。我闻曰：上帝引逸，有夏不适逸；则惟帝降格，向于时夏。弗克庸帝，大淫泆有辞。惟时天罔念闻，厥惟废元命，降致罚；乃命尔先祖成汤革夏，俊民甸四方。自成汤至于帝乙，罔不明德恤祀。亦惟天丕建，保乂有殷，殷王亦罔敢失帝，罔不配天其泽。在今后嗣王，诞罔显于天，矧曰其有听念于先王勤家？诞淫厥泆，罔顾于天显民祗，惟时上帝不保，降若兹大丧。惟天不畀不明厥德，凡四方小大邦丧，罔非有辞于罚。”

《尚书·多士》一开始就讲："非我小国敢弋殷命。惟天不畀允罔固乱。"不是我们小小的周国敢于革商人之命，是因为天无法容许商人"固乱"，一直不依照道理行事。以周人自己的意志，绝对不敢争夺商人的位子，那不是周人去要来的，而是商人不知道要敬畏天，不懂得天的道理与威力，所以天降祸于商人。

接着，《尚书·多士》中出现了周人最早的历史哲学。不只是商人如此受到了天的惩罚，在商之前的夏，也是不守规矩，所以天叫成汤来收拾夏，才有了商的王国。商人前面的王战战兢兢地服侍帝，生怕自己配不上天给予的责任，于是能够繁荣壮大。但后来商王的行为让天无法容忍，所以天命才交到周人的手中，周人在天的意志下取代商朝，这不是周人的主观野心。

07

## 周人的人本观念

傅斯年先生在《性命古训辨正》中整理了相关的《尚书》文章，得出结论：周人相信天命如何运作，天命会交给谁。第一，要敬天，小心翼翼地意识到天的监督、评断的人。第二，要能“保人民”，照顾人民，尤其重要的是“慎刑”，不残虐人民，不乱杀人。第三，要勤劳，要“毋忘前人艰难”，依循前人谨慎小心的态度，而且“在秉遗训”，不能忘了前人留下的教训。第四，“毋康逸，无酣于酒”，不能懒惰，更不能沉湎于酒。

长期以来，商人相信祖先，依赖祖先。在和商人共处，并遭到商人压抑的情况下，周人不可能觉得自己的祖先有多了不起，多值得依赖。毕竟，周人的祖先就赢不过商人的祖先。在商人庞大的阴影下，周人一直将自己视为一个小族，被大族商欺压，一不小心，连杰出的领袖如文王都会被商人羁押。

因而他们相信天，相信一个连商人的鬼神都无法操控的公平主宰。天不属于谁，不偏向谁，高高在上地监视着每个人和每个人群的行为。使得商人失去共主地位的，不是周人的祖先，甚至不是周人自身，而是一位看不惯商人酗酒淫乱的天。天将力量交给了周人，让他们去做正确的事。

傅斯年的《性命古训辨证》中，另外一个有意思的观察是：《尚书·君奭》里说“天不可信”，意思不是我们不能相信天，而是天没有必然、固定的行为，不会一直那样。天和天命是会变动的，不像商人的祖先，总是站在商人那边帮助商人。天现在站在你这边，并不表示它明天、未来都会一直不变地支持你。

天不会都一样，不过天的改变是有一定规律的。周人归纳了关于天的最重要的规律，即在最关键的天命施予上，天是依随德而移转的。于是由天的超越信仰，自然转出了在人事上连带对于德的强调。

《尚书·酒诰》中还有一句话是：“人无于水监，当于民监。”意思是人不仅要借助水察看自己，而且应该以民的反映当作镜子，去看自己是什么样的人。依照傅斯年的解释，这句话在文中应该加引号，是一句引文，引用前人所说的话。这句话是周人的祖先留给后来领导人的告诫之语。这里的人指的不是每一个人，而是特指要统治、带领人民的领袖。

天监管人的行为，天看到了什么？我们有办法知道在天的眼里，我们长什么样子，是好是坏吗？周的先人指示：要知道天的观察角度，最好的方式就是看你所领导的人民的反应。人民眼中反映出来的你，最接近天看到的你——人民喜欢你，就代表天赞许你；反过来，人民讨厌你，那你就得小心了，天也会讨厌你，可能收回给你的天命，降下惩罚来。

周人越来越不信鬼神，转而强调可以在现世中观察、掌握的东西。他们的天越来越远离人格神，要了解天，不必也不能诉诸超越人间的经验，反而是回到人群里，看人民的反应。外于人间的另一个领域的信仰还在，但关心的重点，不在于彼而在于此。

这种重现世轻超越的信仰倾向，其实也出现在商朝晚期的商人文化中。祖甲改革的基本方向，也是朝着降低鬼神对于人世的直接干预，要将人和鬼神的关系予以制度化。换句话说，不再那么相信、依赖鬼神的任意介入，要在鬼神之外维持人间事务的规律与合理性。至少祖甲所代表的这一支明显地偏离鬼神，靠近人文本位，然而毕竟商文化建立在浓厚的鬼神信仰上，商人的调整转变不可能那么彻底。

建立一套离开鬼神、彻底以人为本的新信仰，是在周人手中完成的。

08

# 周人翦商之后的统治策略

周人翦商，是不折不扣的信史，有当时留下来的铭文记录，无可怀疑。不过一直到今天，我们仍然无法确定这件事究竟发生在哪一年。

中国大陆一项庞大的国家文化工程“夏商周断代工程”将武王伐纣的年代断在公元前 1046 年，这个结论并没有说服所有古史研究者。历来对于武王伐纣的时间，有早至公元前 1122 年，晚至公元前 1026 年的各种说法。定年份最主要的依据，就是金文上所出现的牧野之战的“甲子日”，以及相关的月相朔望记录。但毕竟每 60 天就有一个甲子日，月相每 30 天就循环一次，符合条件的日期很多。到现在看来，这几个不同说法仍然没有出现决定性的答案。

打入朝歌后，周人遇到了新的难题，就是该如何接收“大邑商”的势力，又该如何统治原来的“大邑商”。周人长期以来的小大观念，在此产生了决定性效果。他们不认为自己小邦可以就这样压服大邑。虽然在牧野打败商人军队，成功打进朝歌使得帝辛自杀，周人仍然没有将自己视为商人的征服者。

他们仍然对商人有所敬畏。所以，他们做了两项安排，其中之一是将部分商遗民移居到渭水流域去。

关于这个历史事件，留下了“史墙盘”的铭文记录。史墙盘盘内有 18 行 284 字的长铭文。铭文分两段，前段歌颂周建国的功业，从文王一直讲到穆王。后段则讲述史微氏的家族系谱。后段中有一句，说武王翦商成功之后，“微氏烈祖”来见武王，武王命令周公安排他们的居处，安置在岐周。

史墙盘在凤雏村出土，就是岐周，显示这段系谱故事的真实性。借由“史墙盘”，我们确认这个商人“史氏”家族（可能就是专门负责记录的，其族徽中有“册”的记号，代表和书写有关），他们在武王伐纣之后，被从原来的“殷”地迁到岐山下。他们一直居留在这里，到铸造史墙盘，将他们的家族系谱刻在史墙盘上，已经过了七八代。

史墙盘上所列的家族系谱名号，有辛公，有乙祖，有乙公，很明显是商人而非周人的命名方式，而且和张光直先生整理出来的乙族分类相符合，更加可以确定这个家族的来历。

由史墙盘，我们就能够进一步理解渭水流域出土青铜器，里面有些带有高度商朝风格特色的，至少部分是由商遗民迁徙到此带来的，或由他们在这里铸造的。这类商文化风格的青铜器分布甚广。

日本学者白川静理解周人迁徙商遗民的动机，是为了提高自己根据地渭水流域的农业生产水平。[1]不过从考古上看，这个假设不太坚实。第一，到商朝晚期，周文化区的农业技术和商文化区看不出有明显的差异。第二，周原出土的农业工具，也并未呈现翦商前和翦商后的区别。

从史墙盘的例证看来，周人迁徙商遗民是有选择性的。他们刻意挑选了在商文化系统中具有特殊地位与特殊功能的人。那是周人过去所缺乏的能力与专业。用今天的政治学语言来说，那是关系政权合法性与统治合法性的关键之处。一方面，将这些人从朝歌迁走，掏空商人原有的合法性象征；另一方面，也将这样的象征能力与象征事物搬到周人这边来。青铜器、书写都是商人统治的重要工具，相关的专业人士也就优先被送到周原来了。

[1] 此处内容参考（日）白川静的《金文的世界：殷周社会史》和《西周史略》等著述。

09

# 周召东征

除了将一些重要人士迁到周人根据地之外，武王将朝歌一带商人核心区交给了武庚，也就是纣王的大儿子来管理，再安排三个弟弟——管叔、蔡叔和霍叔在旁边监视。三个人都叫作“叔”，表示他们比武王年纪轻。周人的名字主要显示家庭伦理关系。

武王自己回到了丰镐，也就是宗周。没多久，他就生了重病。这场病在《尚书·金滕》中留下了记录。为了哥哥的病，周公旦向天祈求，希望能以自己的生命来代替哥哥。

武王没能熬过这场重病，在伐纣成功后不到两年就去世了。他的儿子这时还很小，所以就由周公即位，成了周人的统治者。

周公有没有即位，后世的史学与经学中有很多争议。从一个角度看，周人的旧系统很清楚，一贯是父死子继，没有兄终弟及的。而且在文王所生的儿子中，武王是长子，排行上接下来的是管叔，也不是周公。由周公来继承武王，当然不符合周人的规矩。

不过从另一个角度看，几个非常因素齐聚在此：第一，武王死得太早，儿子成王太小；第二，和商人之间的正面冲突刚刚发生，情势仍然高度紧张；第三，武王的几个弟弟都被派留在商人区域，负责监视武庚，只有周公在宗周。在这种非常局势下，不管有没有正式即位，实质权力就是落到了周公手中，他是真正的政权执行者。

周公掌权，产生了兄弟相争的危机，管叔和蔡叔明确反对周公。使得情况更复杂、更危险的是，在管叔和蔡叔背后，还有武庚统领的商人旧势力。在短短的时间内，翦商成功之后的周，面临着实质性的分裂，一边是周公控制的宗周，另一边是管叔、蔡叔加商遗民在东方的势力。

关键时刻，另外一个姬姓宗族发挥了决定性影响，那就是召族。和兄弟反目的周公，成功说服了召公，召族的领袖和他紧密结盟，他得以拥有足够力量，与管叔和蔡叔的势力正面对决。

于是周公采取了强硬、不退让的态度，出兵东征。后来的历史书上，一般称“周公东征”，但金文资料上几乎毫无例外地都是“周召东征”。召公和召族在这次军事行动中扮演了非常重要的角色。

这场东征规模庞大。从军事行动上看，其规模和困难程度，甚至超过了武王伐纣。战区范围甚广，北到山西的梁山，南到淮河北岸，以宗周为起点，呈扇形展开。在周朝的成立上，这场战争的意义，比翦商更关键。甚至可以说，周朝真正的形成，不是在武王伐纣时，而是在周召东征之后。

在这场冲突中，周人的势力被迫正式向东方推进。武王伐纣后，周人原本的打算，只是象征性地取代商人的共主地位，对于商人以及原本臣服商人的领域，只做最有限的象征性统治。除了要他们承认周人的特殊地位外，其余基本上保留既有的状态。他们不觉得自己已经准备好可以实质控管这么大区域的能力，因此保守地退回原来的根据地，继续战战兢兢地经营，不敢有太大的野心。

“管蔡之乱”以其引发的军事冲突，打破了这样的保守心态。在召公一支的支持下，周公不只带兵东征，而且决定找出在东方留下来的办法。

办法中的一个，是再度处理商遗民。这一次就不只是把他们搬到西边去，还要加强周人到东边对他们的统治。在朝歌附近，成立了东都和成周。后世将东都和成周视作同一个地方，然而至少到《汉书》时都还记得其实这是两个相近却不完全一样的地方。东都是将商遗民集中管理之处，成周则是周人新建的城。换句话说，东都和成周紧邻，但东都是商人居住区，成周则是周人居住区。

另外又将一部分商人交给微子启负责，到别的地方去成立宋国，分散商人的势力。值得注意的是，即使在周召东征成功之后，他们都没有采取强力镇压商人的做法。周公、召公这一代周人，摆脱不了商人强大的记忆，始终对商人有所忌惮。

《尚书·洛诰》和《尚书·康诰》记录了周公教导成王如何统

治镐京和任命康叔治理殷遗民的方法。他明确地保证："你们的仪式我们不会更动，你们崇奉的祖先、鬼神，我们一样尊敬，绝对不会有一丝一毫不敬。将来，由我代表周人，来负责侍奉你们的祖先、鬼神。"(《尚书·康诰》：今民将在祇遹乃文考，绍闻衣德言。往敷求于殷先哲王用保乂民，汝丕远惟商耇成人宅心知训。)

征服者郑重其事地对被征服者表示：你们最在意的，我们不会予以改变。而且以自己作为周人最高领袖的身份，来主持对于商先公先王的祭典。这是非常聪明、巧妙的政治手腕，用这种方式，一方面安抚商人，另一方面将自己放置在商人的祖先信仰中，利用商人的祖先加强自己的权力。

另外一份重要的文献，是《尚书·康诰》。这是周公颁给康叔的，在微子启带领部分商遗民去建立宋的同时，又将康叔封在卫，那个地区也有不少商遗民。"康诰"的核心精神是"启以商政"(《左传·定公四年》)。周公明白地告诫康叔，要用商人的方式统治商人，不要用周人的方式统治商人。要了解商人的社会规律与文化，尊重他们原有的方法，以他们原本的习惯来治理他们。

也就是说，周公要康叔在卫建立一种二元政治。有管周人的制度，也有管商人的制度，分别对待。特别明显的，是在对待酒的态度上。从"酒诰"里我们清楚看出周人对酒的高度警惕，他们深信商人的堕落、失败，和酒脱不开干系。"康诰"篇中再度重申禁止周人随意饮酒，但同时提醒康叔，不要用同样的方式管理商人饮酒。对于商人饮酒的规定，应该比对周人宽松许多，即使不认同，也该尊重商人好酒的既有生活习惯。

在这里，我们看到了中国人文政治的开端。那是一种谨慎思考如何进行统治的态度。这一态度的背后，还有担心自己握有的权力随时可能丧失的戒慎恐惧。只有始终小心，才能继续维持权力，才能不受伤害。

由商到周，权力的性质与意义，有了决然的转变差异。

10

# 周人全新的制度设计

## ——封建制

周召东征之后，周人面对的又一项新挑战，是和其他民族群体的接触。

日本学者江头广（江頭広）曾做过一个研究，将古文献和金文中所见的西周氏族名称搜集和分类。[1]他的分类最重要也最有趣的，是字根姓与译音姓的对比。字根姓是固定的，每次出现都一样，不会变动。译音姓则是像“朱且”和“邹也”，表面上看起来是两个名字，但指的是同一族。为什么有两个不同的名字？因为是翻译来的，朱且和邹也就像 Monroe 有时译作“门罗”，有时却译作“梦露”一样。

[1] 此处内容见（日）江头广，《姓考：周代の家族制度》，风间书房，1970 年。

门罗和梦露是外国姓，从不同的语言翻译过来的。朱且和邹也显然也是如此。这样分类之后，江头广再依照古地理文献仔细考索“字根姓”和“译音姓”的地理分布，就能够重建周人从西向东扩张的过程，看他们如何逐步遭遇到了不同地方的不同部族。

这真是了不起的研究。这需要具备对中国古音的充分掌握，还要相当熟习古地理学，更重要的是，能够有这样一个突破性的洞见——西周文献出现的名字和译音有关——才能完成这样的研究。

通过江头广的研究，我们眼前出现了清楚的图像，看到周人第二次东征之后所受到的进一步冲击。他们遇到了操持不同语言的其他部族，努力用从商人那里承袭而来的文字去仿真记录“外语”，然后在时间流逝中，这些“外语”慢慢融入了周人原有的语言文字系统中。

这一方面是周人扩张的足迹，另一方面也是汉语扩张的足迹。在这个基础上，周法高先生试图耐心地将古汉语扩张图完整画出来。这当然是一项考验学养又考验耐力的工程，很可惜周法高先生到去世前都还没有完成这项大计划，但从江头广到周法高已经明白显现这不是空想，是真正有机会可以落实的。

第二次东征之后，周人真正进入东方，严格意义上的周朝才真正成立。由商到周，绝对不是后世以为的改朝换代。那是两个不同且长期冲突的文化拉锯斗争后产生了此消彼长的新局面。从这里出现了新的政治形态、新的政治信念，还有新的统治合法性基础。

周人以不一样的信念，建立起不一样的政治制度，也就是封建制。封建制的建立有赖于中国信史上的第一位政治家——周公，也许还要加上召公——的智能设计，还需要很长的历史演变过程，才能成功。一旦封建制成立，中国文化与中国人，也就彻底被改变了。甚至可以说，我们后来认知的中国文化和中国人，也才从阴森鬼魅的商文化中脱化而出，正式形成。

第 十 讲

# 周朝的统治制度

01

# 周人的忧患意识

由商到周，彻底改变统治形态的关键因素，是周人的忧患意识。这是商人的文化与思想中没有的。

周人最大的特色，是不断的自我怀疑。他们在商人的巨大势力阴影下崛起，而且有意识地模仿商人，偷用商人的统治绝活和独门功夫。对于商，他们明显感觉到自己的落后与渺小。周人从来不曾建立过“我应该胜过商人”“这天下该属于我”这样的民族自信。

小心翼翼地伺候“大邑商”，得来的是商欺人太甚的对待。周人愤而翦商，竟然一下子就在牧野打败了商人，又进一步打入了朝歌。这个成功来得太快太突然，使得周人自己目眩神移，一时不知该如何理解，更不知该如何应对。

他们找到的解释，是天。天的意志决定让周人战胜商人，取代商人。但天并不是出于私心偏好做出这样的决定，天监视、衡量了状况，被商人的恶行严重冒犯，所以假借周人之手，狠狠地惩罚了商人。

这样的天，现在将胜利与权力交到周人手里。这样的天，未来同样也可能把胜利与权力夺走，交给别人、别的民族，放弃周人，乃至反过来惩罚周人。胜利与权力不是理所当然的，更不是周人可以稳固把握的。要保有胜利与权力，周人必须看“天”的脸色，必须依照“天”的原则行事，经得起天的监督与考验。

天的原则是什么？最容易把握的，就是商人行为的逆反。商人的错误明确映照出天的偏好，商人就是因为不懂得依照天的原则行事，才会以“大邑商”的威武身份，一夕之间败给了小小的周。

因此，周人热衷于检讨商人所犯的错误。那不是要“斗臭”被他们打败的商人，而是为了找出自己胜利后的下一步举措。检讨出一条商人的错误，也就意味着多了一项周人必须避免重蹈覆辙的准则。这里没有胜利者的光荣与骄傲，有的是对于胜利的戒慎恐惧，不相信胜利的成果可以长久保持，或者说，随时担心胜利的成果会被天拿去交给别人。

对“大邑商”的尊重，加上忧患意识，双重因素使得周人不可能残虐地对待垮掉了的商。没有将他们收为奴隶，更没有大肆对他们屠杀，没有把他们抓来献祭给神。周人始终保持着警戒和敬意并存的态度，来处理商遗民。他们将商遗民交给武庚（《史记》称为禄父）来统领，也就是不只让商人管商人，甚至没有瓦解原来的商王系统，在纣王自杀后，仍然换这个系统里的人来继承管理权力。

周人没有以胜利者的姿态凌驾在商人之上，只是在旁边布置了军力，小心监视着。

02

# 中国第一位政治家

——周公

武王去世后，周公在宗周取得大权，引发了周人内部动乱。管叔和蔡叔联合商人力量反对周公，这是个巨大的危机。

摆在周公面前的，是个大难题、大考验。这不只是兄弟阋墙，更麻烦的是，成了东西之争。他该怎么做?

周公，加上支持他的召公，在此做了一个重要的决定。他们不对东方妥协，甚至不求先在西方自保，他们要带着周人根据地的力量，第二次朝东方进袭。那就意味着不只要压制管叔和蔡叔，而且要再度征服商人的旧有势力。

东征的过程很辛苦，战争的范围及强度，很可能超过了武王伐纣的过程。打败管、蔡与武庚的联合很不容易，但更不容易的还在后面。东征成功了之后，又该怎么办?

这时，中国历史上的第一位政治家出现了。正因为过去传统中讲中国古史，充满了各式各样的传说人物，从黄帝到尧舜禹汤，所以在重新认识中国历史的过程中，我刻意不提这些人物，避免用人物串联的方式来铺建古史。

从黄帝一直到文王，他们的事迹一则没有确切的史料根据，中间都夹杂了许多明显带有时代窜乱和不可信的内容，二则无法由后世所建立的制度或文化中得到证实。换句话说，既无当代记录可供依据，又没有长远的影响可供覆案，那么在说明中国历史起源与发展时，我宁可存疑。

从另一个角度看，过去几十年丰富庞杂的考古成就，让我们已经能够跳过这些极不可信的人物传说，画出另外一幅历史图像来。考古遗址与器物，配合古文献的考索，当然要比这些传说可信得多。而考古所获和古文献对照，至今也没有能够为这些传说中的圣王增添具体的信息。

以这样的标准，周公是第一个历史人物，因为我们手上所掌握的古文献中，尤其是《尚书》的资料，近百年来还有对于《尚书》的详密考据，分辨其间真假。更重要的是，铸刻在青铜器上确凿的金文提供了对照检核材料，我们对于周公这个人，尤其是他所做的事，有了当代的文献作为基础。

周公所做的最重要的事，是在二次东征之后建立了封建制。这套制度足足存在了七八百年，一直到中国文字记录高度成熟的战国末期。如此一来，我们也就能够以对这项制度的认识，回头重建周公的成就，甚至他的用意。

用这种方式看到的周公，绝对不同于三皇五帝、尧舜禹汤。周公不是以众多无法检验的传说构筑起来的。就算他的生平事迹中有许多传说，在史学上，我们今天也已经有了一定的材料与方法，可以拨开这些传说的迷雾，找出核心、坚实和清晰的历史图像来。

这样的图像无法刻画周公的全面，但至少在他为何及如何建立起封建制上，已经能够大致看明白，说清楚了。

03

# 二次东征与封建制的开始

我们可以试着从周公的角度来理解封建制的产生。和其他周人一样，他长期抱持着“商大周小”的观念，亲历了恶霸“大邑商”逼迫自己的父亲文王，然后和哥哥武王一起发动对商人的抗争，在牧野之战后获得了意外的大胜。

为父亲复仇，战胜商人之后，他又和武王一起退回原来的宗周根据地，以图下一步发展。但计划显然赶不上变化，还没想清楚未来方向时，就有了一连串的危机逼迫他不得不处理。武王重病到去世，王位继承安排，然后在他明确掌权后，驻扎在东方的兄弟竟然偕同商人的力量公开与他对立。

周公不能不发动第二次东征。因为这不是单纯要不要保有新取得的东方领土的问题，而是关乎自己的地位，也关乎周人原始根据地的前途。这一仗打得很壮烈，最终西边压服了东边。

但再来呢？第二次出兵占领了东方之后，该怎么办？显然不能再用上次的方式了，退回宗周已经被证明是一项错误的安排。但两三年前觉得自己绝对无法扩张统治商人原有领域的周人，在这么短的时间内，就能变得足够强大了吗？还有，在文化上和商人如此不同的周人，能够沿用商人的统治术来当共主吗？如果不用商人的统治方法，那还有什么别的方法可用？

这些是横亘在周公面前的一连串棘手问题。封建制就是他设计出来解决问题的方案。

封建是什么？杨希枚先生曾经整理过“封建三要素”，可以拿来作为我们了解封建制的起点。封建三要素是赐姓、胙土以及命氏。❶

封建最重要的礼仪是策命礼。策命时首先要赐姓。这里的姓是姓族的意思。赐姓就是选派某些姓族的人民，交给要接受策命的人。赐姓之后，这些人民就归你管理、带领，构成你的核心部队。这些姓族的来源不一定，有周人本身，有周人的传统联盟部落，也有像商遗民这样的被征服者。

赐姓之后，接下来是命土，就是指定一块土地交给接受策命的人，从此之后，这块土地就属于你和你所带领的姓族人民，你要带着他们去到这里，开始新的生活。

新的人和新的土地，加起来就产生了新的群体，所以要命氏，

❶ 此处内容见杨希枚，《先秦赐姓制度理论的商榷》，载《历史语言研究所集刊》，第26本。

给一个新的名字。例如，在策命礼中将包括两个商遗民姓族在内的六族交付给康叔，指定给他一块离安阳不远的地方，然后将他们要去开垦居住的这个地方重新命名为卫。从此之后，这六族人民就构成了卫国人口的核心，康叔就成了卫国的国君。

04

## 封建即征服

后世对于封建制最大的误会，在于假定在封建之初，周人已经稳固地占有了所分封的地域。这是从后世情况回推产生的误解，是早在春秋战国时期就有了的误解。

例如后来汉朝成立，要分封子弟功臣，一定是分给他们好不容易靠军事行动打下来的领土。把韩信封在齐，当然就意味着汉军已经攻占了齐地。然而周初最早有封建时，情况并不是这样。不论是第一次还是第二次东征，周人都没有条件有效占领原本对商人效忠，认商人为共主的所有领土。应该倒过来看，正因为周人这时无法有效占领这么大的领土，才有了封建的需要。

周初的封建是指派任务，不是分配福利。康叔得到的，不是一个已经安定据有的地方叫作卫，所以他可以带着人到卫去运用权力，享受当地的生产税收。不！策命礼庄严甚至带点儿肃杀意味地派令康叔带着这些人，去将这个指定的地方占领下来，在这里建立一个新的周人据点，将之重新命名为卫，使卫成为效忠周人的地方。

康叔带去的人，原先各属于不同的姓族，各有不同的来源。现在他们必须齐心协力，才有办法在新的地方落地安居，开创新天新地。所以在原有用来辨识我群的姓之外，又给他们一个层级更高的氏。从此之后，这六族人都属卫氏，先要认同卫这个大团体，然后再确定在卫氏当中，他们各属于哪个姓族。

清朝学者顾栋高在《春秋大事表》中提到了一个历史现象——在春秋诸国中，他发现有二十个国名曾经迁移过。也就是说，同一个国名，在不同时间代表两个或两个以上不同的地方。之后，陈盘先生进行了更全面、更彻底的普查，发现可以明确视为迁移过的，不只有顾栋高说的二十个，而是高达七十一个。❶

陈盘不只罗列出这七十一个国名，还仔细地将这些国的迁移记录画在地图上。如此一来，我们可以清楚地看出，春秋诸国的迁移，是有一定方向的。几乎毫无例外，都是从比较接近宗周或成周的核心地区，逐步往外移。

举几个有名的例子。鲁国，后世共识认定在今天的山东，但

❶ 此处内容见陈盘，《春秋大事表列国爵姓及存灭表撰异》，台北："中央研究院"历史语言研究所专刊 52，1969 年；《不见于春秋大事表之春秋方国考稿》，台北："中央研究院"历史语言研究所专刊 59，1970 年。

鲁最早的封地，离山东很远，在今天的河南。河南留有鲁山的地名，那就是鲁的原封地。又例如燕国，后世认定在河北，接近中原北界的地方，但那也不是原来的燕地。原来的燕在今天的河南郾城，郾和燕是相通的。

至于郑国，最早的封地在今天的陕西，比后来认定的地方要偏西得多。旧封地很靠近宗周，护卫宗周。大概到周穆王的时期，郑才改迁到河南，至今那个地方留下了地名的痕迹，就是河南新郑。新郑，与旧郑相对应。

这里显现了胙土的实质意义。不是把一块现成的土地交给你，不是派你去当市长，而是要你带着分派给你的人，去那里，负责将那个地方占领下来。

赐姓的这些族人，为什么必须团结在新的氏族中？因为他们要承担的任务是有危险的，要去新的地方，很可能受到那里原有居民的反抗，也有可能无法在那里成功地建立能够存活的生产与自卫环境。

05

## 封建以后如何统治?

封建的第一个步骤，其实是“武装殖民”。赐姓就是派给领导者基本部队，胙土则是指派要去占领下来的目标。占领了之后，这些人就以新的身份留在那里，管理和经营那个地方，不回来了。

封建要成功，就要选择能够承担“武装殖民”任务的人。他首先必须能够统领要带去的不同族姓的人民，还要有带领这些人到陌生地方进行军事行动的准备。占领成功了，也还没完，要能够在那里建立一套新的经济与政治制度，长久立足。

为什么将商遗民分派去参加封建行动?这个决定再度显现，即便在第二次东征之后，周人仍然没有将商人视为被征服者。周人仍然以相对平等的态度对待商人，所以商遗民和周人及其盟友，一并在赐姓之列。商遗民和周人一起进行对外的武装殖民。

这是个极有智慧的安排。它实质上分散了商人的势力，表面上却维持了商人的尊严，削弱了他们对周人的敌意。在每支封建队伍中，商人所占的比例当然不会太高，又到了新地方，商人失去原有的在地优势，就会更快地和周人融合在一起。

借由命氏，来源不同，甚至本来是仇敌的几个族姓，建立了新的认同，并在应付陌生地方的危险中产生了一体的团结意识。在陌生甚至是敌意的环境中，他们别无选择，必须快快联合起来，彼此支持，互相协助。他们在分封的新地方站稳脚跟之后，还要发挥共同智慧，找出进一步治理该地的办法来。

《史记·鲁世家》中有一段故事，说伯禽到鲁之后，“三年报政”（三年之后才回到宗周述职）。周公问：“何其迟也？”（怎么那么久才回来？）伯禽回答：因为要改变他们的风俗，革除他们原本的行为模式，建立我们周人的礼仪规范，所以才那么晚回来。

与之相反，姜太公被派到齐，五个月之后就回来了。周公反过来问：“何其速也？”（怎么会这么快？）太公的回答是：到了当地，将他们的君臣之礼整顿一下，让他们按照原来的习俗好好过日子，就没别的事了，当然回来得快。

然后，太公知道伯禽花了三年时间才从鲁回来报政，就感慨地说：哎呀，以后齐会壮大，鲁得北面事齐，管理人民如果繁复不简单，人民就不会亲附；若能平易近民，人民一定心甘情愿接受统治。

太公的预言后来果然应验了，周朝历史上一直都是齐大而鲁小。不过这不是重点，我们该看到的重点是：齐和鲁都在东方，远离周人传统的势力范围，周人往东方进取经营，没有固定和统一的办法，如何经营由分封去到那里的人决定。尤其关键的，是决定和当地原有居民之间的关系。

鲁后来成了周文化的重镇，在春秋战国乱局中以坚持周文传统见称。孔子立志恢复周文传统的立场，一大部分就是来自鲁的认同。但《孔子家语》中有一段孔子去世前的记录。孔子说他梦见自己死后在“两楹之间”被祭拜。[1]不同的文化有不同的祭拜礼仪，夏人在“东阶之上”，表示死了的人仍然拥有主人的身份；商人却在“两楹之间”，表示人死了，魂灵就变成了客人。梦见自己是在“两楹之间”受祭，孔子肯定了自己是商人之后。

另外，历史上看到鲁有特殊的亳社或亳里，是别的地方都没有的。从名称上看，亳也是商的代表，显现鲁的文化和商人有相当密切的关系。

东方本来就是商人的起源处，住有商人后裔一点儿都不奇怪，奇怪的是这样一个地方，竟然被转化为周文化重镇；一个很可能拥有商人血统的孔子，竟然成了周文传统最重要的守护者，让我们体会了周人封建在此创造的惊人改造成绩。

齐和鲁形成了强烈对比。东周文献上和齐有关的记录，都凸显了这个地方的不驯与异奇。许多最不守礼的行为，都是由齐君

---

[1]《孔子家语·终记解第四十》记载：“夫子叹而言曰：‘赐，汝来何迟。予畴昔梦坐奠于两楹之间，夏后氏殡于东阶之上，则犹在阼，殷人殡于两楹之间，即与宾主夹之，殡于西阶之上，则犹宾之，而丘也即殷人，夫明王不兴，则天下其孰能宗余，余逮将死。’”

王做出来的。整体来看，鲁是周的重镇，紧邻鲁的齐却是周文化最不受教的一部分。会有如此戏剧性的对比，《史记》所记提示我们，根本原因来自封建初期不同的策略，一个勤谨改造，一个宽松放任，久而久之，鲁齐两地就产生了很不一样的社会文化风格。

06

## 周人的宗法制度

封建主要在周公、成王和康王掌政时进行，到昭王和穆王时还持续拓展。这个时期里，周人巧妙地运用了自身不是那么丰富的资源，逐步向外扩张。周人改变了夏人和商人原本松散的共主制度，一步一个脚印地将领土控制下来，形成了一个个的国，维持国与国之间正式且复杂的网络关系。

周人凭什么建立这样的新形态的统治地位？首先，依靠他们对商文化的尊重。周人始终认可商文化的进步性，从来没有狂妄到觉得自己打败商人，就可以践踏商人。从承认商人为共主之时，周人就一直想尽办法学习商人的先进文化，即便在商人协助管叔和蔡叔作乱的第二次东征成功后，这种态度都没有改变。

这是真正的政治智慧。在周公和召公领导下，周人没有要报复，没有要毁灭商人，甚至也没有要彻底压制两度战败的商人。他们将商人视为需要小心提防的联盟对象，带着商人一起进行对外扩张的武装殖民。用这种方式，他们能够利用商人先进文化的协助，又能将商人的庞大势力分散，不再集中在原来的区域构成威胁。

要能够如此处理商势力，善用商人的力量，周人凭借的是他们真正最突出的能力——社会组织能力。在这一点上，他们无疑比商人高明太多，也是他们得以兴起、凌驾于商人之上的秘诀。

周人的组织建立在宗法精神上，靠宗法精神在人与人之间形成稳固的团结意识与团结信念。宗法就是亲族系统，依照人的血缘关系来安排彼此的行为互动。有血缘关系的个体共居互助，这是人作为社会动物的本能，当然不是周人发明的。但周人不只格外强调这项本能，将之抬高到超越任何其他价值标准，而且赋予这项本能统辖其他价值的至上权威。

周人的宗法制度强调大宗和小宗的区别，借由大宗和小宗组织起一个可以尽量扩大亲族关系意识的系统。大宗主要是直系亲属关系，是人原来就有的本能共居合作形态，周人将之固定制度化，而且予以拓展。一个人对于自己的上几代、下几代有了明确不移的认知，还有了不断被强调的行为责任。

但不是只有大宗的责任，人还要承担小宗的身份与责任。小宗主要记录亲属旁支关系，也就是没有那么必然会共居互助，本来很容易分散和淡化的关系，以人为的礼仪将之固定并延长。

每个人都有其大宗上的位置，也有其小宗上的位置。实质上，一个人就是以其大宗与小宗上的位置来决定其身份的。换一个角度看，一个人活着最主要的意义，就在于承担这个位置的宗法责任。再换一个角度看，被放在大宗和小宗的特定位置上，意味着你隶属于这套庞大的亲族系统，也意味着你和这个系统中的每一个其他人，都有明确而且固定的关系。

周人用这种方式将自己的姬姓组织起来，也用这种方式将和姬姓有婚姻关系的其他部族组织起来。随着周人势力的扩张，周人通婚的对象增加了。逐渐地，整个区域的人，都被吸纳进这个亲族组织中，都被包纳进这个绵密的宗法体系之中，有了自己的位置和身份，也就相应有了自己对待别人的固定行为要求与责任。

宗法的组织原则在封建过程中尤其重要。在武装殖民过程中，少数的外来者到了陌生、敌意的地方，关键的第一步是随时弄清敌友，弄清楚谁是可以信任的，谁是应该提防的；谁是盟友，谁是可拉拢结盟的对象，谁是要提防甚至要打击的敌人。

宗法由信任亲族出发，亲族互信并互助。宗法中有各种不同礼仪经常、反复地确认亲族间的行为，把亲族拉在一起。有了亲族团结为后盾，面对没有这种团结力量的人，周人自然能取得优势。有人愿意结盟参加这个亲族系统，立即就能利用这项团结优势；相对地，被排除在这个系统外，很难靠自身有限的力量，阻挡集体团结系统的侵逼。

这是一套动态的敌友辨别机制。一方面，到达陌生地的周人，可以安心确定哪些是自己人，依照宗法的亲族关系来决定信任、合作对象，大幅降低误判的危险，也大幅降低倒戈、背叛的可能性；

另一方面，这套系统又不是封闭的，开放让其他人借由婚姻参与。原本疏远的联盟关系，可以借婚姻转化为紧密的宗法亲族联结。原本有敌意的当地居民，也可以借婚姻进入周人体系，变成封建制中统治集团的一分子。

07

# 宗法制度的特别设计

## ——昭穆制

周人的宗法制度中还有另外一项特别的设计，就是昭穆制。昭穆制将所有的亲族成员隔代分成“昭”和“穆”两个群体。祖父和孙子属于同一群，相对地，父亲和儿子就分在不同群。

人类学亲族文化的调查研究中，有一个归纳观察，叫隔代亲近原则。在许多文化中，都有同样的现象——通常祖父和孙子之间的关系，会比父亲和儿子的关系更亲近，更自然。这种现象可以用简单的心理机制来解释。在儿子成长的过程中，父亲通常是监督他社会化最重要的责任者，使得父亲对儿子较为严厉，采取高压权威的互动模式。而且，儿子长大后要取得自己的地位与权力，又无可避免地与父亲有了竞争，使得两者关系更不容易轻松自在。

相形之下，孙子的诞生就确立了祖父的老人身份，他在社会上拥有因高辈分而来的尊崇，但也逐渐被解除了实质的权力。他完成了做父亲的责任，对于孙子没有那种压力了。在孙子能接触的人之间，祖父仍然是和他最亲近的男性。如此一来，孙子就比较容易从和祖父的互动中拾取经验与智慧，也有动机亲近祖父。

昭穆制建立在这种隔代亲近的普遍心理上，用制度予以固定和强化。在庙堂上，各种仪式中，亲族成员被清楚分列开来，一边是“昭”，另一边是“穆”，隔代的祖孙站在一起，邻代的父子则站在对面。

将亲族正式隔代分组，还能带来许多好处。一个好处是减少年岁差距所带来的代间关系混淆。亲族系统人越多，旁支越多，到了后代，越容易产生代间的差距与错乱。一个刚出生的婴儿，很可能在亲族系统的辈分上，比旁支的一个老翁要高，老翁要叫他叔叔或舅舅。昭穆制可以将原本一代一代为单位的计算方式，放大为每两代一个单位，让这种必然出现的错乱稍微容易掌握些。

更重要的好处在：昭穆制在周人群体间创造了一个二元结构。这个代间的二元结构设计使得两个群体始终拥有差不多相等的权力地位。这边儿子的地位低于那边的父亲，但那边那个父亲的地位，又必然低于这边他的父亲，如此交错分配。两群之间保持对等，最有机会发挥正向的互相竞争进步效果。而且这两群不论如何竞争，都不可能紧张到翻脸。因为你的儿子和你的父亲都在另外那边，你会破坏他们，伤害他们吗？

用这种方式，周人建立了更牢固的亲族组织系统，让亲族组织发挥了更大的共同力量。

周人在组织上的严密安排，一部分来自武装殖民的需要。武装殖民的经验，使得周人长期维持高度的危机感，感受到持续的威胁不安，相应地就不断提高他们的“我群意识”。

周人姬姓是个大族，但和现在要统治的领土相比，他们还是太小，小到必须谨慎地将族内每个人紧紧拉住，还要能够发挥族内每个人的能力。宗法制度就是为了达成这样的目的而建立起来的。

08

# 封建层级

周人相信天，所以他们对人间权力最高地位的称呼，是天子。经过策命礼，天子将一块土地和一部分人民交给一个人去进行武装殖民。这个人，例如说康叔，领命之后，忠心地执行了任务，在新的地方初步站稳了脚步，接下来他做什么？他要再进行一次策命礼，将自己要经营的地方的一部分，分给另一个人，叫他带领一部分人前去统治和治理。

封建是分层的，一层一层分封下去，也就是将统治责任与权力一层一层分配下去。刚开始的时候，分层只是原则，依照当时现实状况所需，没有规定要分几层，怎么分。但天子管辖他所分封的诸侯，诸侯管辖他所分封的大夫，这样的基本统治模式早早就确立了。

那个时候当然还没有整齐的“公侯伯子男”五爵制，五爵制是后世到东周才整齐固定下来的。从来源上，我们可以将这五爵制分成两组，公、伯、子是一组，来自亲族称呼。亲族称呼转化为爵称，显示了由父亲封给儿子，甚至由儿子封给父亲的过程。到任何陌生的地方，最能彼此信任同心的，还是首推自己的家人，父子兄弟互助分工分权。

另外一组是侯和男，来自军事名词。“侯”来自“射侯”，和射箭有关，显现了另外一种分封的来历，是军事行动的指派。派一个人带一支武力部队到一个地方负责守卫，或许本来没有分封的用意，但这样的侯在那里防卫久了，在军事任务之外承担起理民的责任，逐渐也就和分封一样了。

到了一个新地方，负责治理这个地方的诸侯，可以将这块区域分割开来，封给自己的儿子、父亲，或其他军事统帅。但他不能将自己的位子直接传给儿子或其他人。他的位子来自天子的策命，任命权仍在天子。如果他死了，也要经由天子，才能把位子交给他的后人。

这样的程序，叫作承嗣再命。伯禽到鲁，成了鲁公，他死了，他儿子不能自动继承为鲁公，必须回到宗周，由天子进行新的策命礼。这是最重要的仪式，保证天子作为权力中心的地位。分封出去的权力只是暂时交给这个人，他死了，形式上天子就将权力收回，重新任命，重新交付任务。

天子对诸侯如此，在自己的领土中，诸侯对大夫也是如此。分封出去的大夫死了，诸侯也在形式上收回权力，通过承嗣再命才把权力转交给死去大夫的儿子。虽然实质上权力几乎都交给死者的子嗣，所以叫作承嗣再命，但其制度设计本意，上层的分封者可以将权力交给其他人。

用这种方式，周人才能维系那么久的封建稳定。一层层分出去，但随时保持一层层拉回来的机制。庞大的领土一层层分给许多人统领，但没有任何一层是真正独立行使权力的，他永远隶属于这个结构中的某一层，被他上层的权力者拉住，同时也负责拉住他下层分封出去的权力。

09

# 史官地位的提升和策命礼

策命礼是封建制的核心，是最重要的礼仪。诸侯的策命礼中，天子或天子的代表一定要在场，受命的对象一定要在场，另外还有一个人也非在场不可，那就是史官，负责进行记录的人。

从族徽上可以看得出来，“史”源自商朝，在商朝就是专门管“册”的人。这种专业、这种特殊技术，可能也是周人从商人承袭和借来的。“史墙盘”的铭文清楚地告诉我们，翦商之后，武王特别将拥有史官身份的这一群人，搬迁到宗周去。

史官的职务应该是世袭的。他们在商朝，主要负责记录人间发生了什么事。他们的地位当然没有卜人或巫高，因为卜人和巫可以与祖先神鬼沟通。史官所记，经常是对比卜人或巫传递的祖先神鬼信息和预言，在人间究竟如何实现。他们的工作附随在卜之后，没有独立的地位。

到了不信神鬼的周文化中，史的地位大大提高了。尤其是封建制的发展，让史的角色更为关键。策命礼既是任务交付，也是共同契约。天子将这块土地和这些人民交付给一个人，责成他去征服和统治。这些信息必须被明确地记录下来，作为双方的依据。

因而高层次的策命礼除了要由史官在场记录策命内容外，还要铸鼎。鼎在此是通称，泛指青铜器，可以有不同的形制。为什么要铸造青铜器？因为那是这个时代的人能够想象的最坚固、不会坏不会改变的东西。铸鼎不是为了生产可以拿来用的容器，关键在于铭文。和商人相比，周人的青铜器功能及意义都改变了。形制没那么重要，纹饰没那么重要，反正这样的青铜器根本不会真正被拿去煮东西、盛东西，其用处就是保留了上面铸造的铭文内容永远不会消失，也就意味着上面的任务与承诺永远不会改变。

与策命相关的铭文，有一定的格式。上面以被策命人的口吻，叙述自己接受了什么样的任务，与任务配合的条件是什么，敬谨表现呈领了任务，矢志长久承担，所以将这些内容记录在此。内容最后通常是以“子子孙孙永宝用”做结。

“子子孙孙永宝用”表示不只我的一辈子，我的子孙们都会一直记得天子给予的恩惠，继续执行我们所接受的任务；但从另一个角度看，这也是对周天子的约束，请永远记得你曾经给过的承诺，这块土地、这些人民是你明白地册封给我及我的子孙的。在封建之中，我们彼此的承诺和约束永远有效。

10

# 封建制的创举

我们必须佩服周公的智慧，在二次东征之后，发明了封建制。这是个了不起的政治安排。没有封建制的建立和扩展，周人绝对不可能在当时的环境中完成对于那么大一片领域的治理。封建制进而在这个区域中建立了西周将近三百年的安稳，让周文化得以大幅发展。

与封建制相关的几个元素，也就在这个过程中，固定下来成为社会的基础，后来更演变为中国文明中的核心性格。

封建和宗法相结合，产生了一个礼仪社会。礼仪是不断反复提醒、确认亲族关系的手段，也就是宗法的实质内容。借由众多的礼仪，人的日常生活和亲族网络密切结合。每天从张开眼睛到闭上眼睛，几乎每一项行为的规范，都牵涉你在亲族系统中的地位。借由这些礼仪不断要求你如何做儿子，如何做哥哥，如何做丈夫……久而久之，你的生命当中所有的事，都和亲族对应关系联结在一起。

经由封建武装殖民，周人扩散到广大的区域去。在新的封建领域中，他们毫无例外都是少数。少数人要能站稳脚步，还要能建立统治权力，非得团结不可。以礼仪打造出坚固的宗法信念，能够最有效地将亲族中的每一个人都紧紧抓住。靠这种方式，周人能够以小博大、以寡胜多，统治了没有如此坚实组织的其他地方和其他部族。

除了原有的血缘亲族之外，宗法组织又借命氏进一步拓展。本来没有血缘关系的几族人，到了一个新的地方，就人为地形成了一个新的统治团体，一个新的氏。本来各族有各族的姓，现在每个人除了原有的姓之外，又得到了一个共同的氏，也就有了相关的礼仪，不断提醒、加强同氏之间的关联、互动与合作。每一个新成立的国，都拥有一个新的氏。一起去到那里的人，通通被纳入这个氏中，进而在这个氏的结构中产生新的宗法关系，以及相应的互相对待的行为规范。

这些都靠礼仪来维系，社会组织借由礼仪才能存在。没有礼仪，以宗法为原则的社会组织就会瓦解。后世到了“五四”时代，有了“礼教吃人”的愤恨指控，批判中国社会充满了礼仪规范，礼仪规范甚至比人还重要，人似乎是为了礼仪而活着。如此重视礼仪的中国社会，怎么来的？可以远溯至周朝的封建和宗法，而在封建宗法成立之初，那样的环境中，真的就是礼仪比人重要啊！

周人崛起和成功的关键，不在于一时打败了商人，而在于承认组织的重要性，找到了一种方式将人严密地组织起来。这个方式就是亲族，就是宗法。姬姓任何一个个体没什么了不起，要将整个姬姓团结起来，那才了不起。而要真正有大用处，有大成就，还要以姬姓为基础，再去一层层联合不同的人，让他们也都愿意被收纳进来团结合作。

宗法，以及支撑宗法的礼仪，是使得这一切变得可能的秘诀。没有礼仪，作为个人活着，你哪里也去不了；有了礼仪，遵守礼仪，成为宗法组织中的一分子，生命的意义与潜力就完全不同了。

在这样的背景下，礼仪的重要性被抬高了，礼仪的内容也变得繁复而全面，笼罩了中国人的生活。

11

# 封建制与文字功能的提升

宗法和封建也使得中国成为一个文字社会。封建的本质，就是一层层分封的任务与承诺，也是一套复杂关联的契约。美索不达米亚平原的楔形文字就是为了记录商业契约而制作、传播的。中国的文字原来在商人手中是一种神秘符号，但周人将它改用在政治契约上，也才让这些原本只有少数人能够运用的鬼神符号改头换面，更具亲和力，也才开始广泛流传。

宗法和封建结合起来，形成了一套带有强烈契约精神的制度。在这个制度中，每个人有确切的位置，也就有相应的行为规范，必须遵守规范，尽到责任。只有文字能够有效地记录每个人的相对宗法位置，相应的封建责任。没有文字的话，这套制度无从建立，更无从维系。

文字功能的转变，甚至关系中国青铜器的没落。中国青铜工艺很少运用在生产工具上，所以青铜器的没落和铁器的发展没有直接关系。青铜都用在铸造象征性的礼器上，铁器则运用在农具等实用工具上，两者没有替换关系。

青铜器的没落，受文字书写变迁的强烈影响。本来在商人手中用来通天地的青铜器，在周文化中变形为保留文字契约的载体。将文字铸刻在青铜器上，好处是可以永久存留，坏处是耗时耗工。随着文字运用的扩大、普及，人自然会寻求更容易、更方便的书写和存留形式。

人们应该很早就开始在竹简或布帛一类的物体上写字。但这样的书写形式无法确保存留，也就不可能运用在契约上，不可能取代青铜器上铸刻铭文的做法。在书写的历史上，后世凸显了蒙恬发明毛笔的贡献，视之为重要里程碑。不过如果从探究青铜器没落的角度看，墨的发明与出现，恐怕要比毛笔重要得多。

毛笔让书写容易，墨则让书写的结果可以长期存留。放进周文化的脉络中，写下来的字能够存留格外要紧。有了墨，可以在竹简一类的载体上长期留下文字记录内容，就能够不必那么费力去铸鼎，为了将要保留的文字铸刻在上面。

对周人来说，不像商人，书写本身的意义不大，重点在于书写下来的文字可以抗拒时间，可以不变地保留下来。在周人手中，文字的意义巧妙地改变了，最主要在于备忘，在于固定不变地长远存留。

西周是刻有铭文青铜器的极盛时代。显然是后来发明了可以稳固保存书写记录的其他方法，周人对于青铜器的依赖也就下降了。于是青铜器越铸越少，青铜铸造的技术也随之变得不那么精良了。

从商到周，中国文字一直带有非人间的神圣性质。不过，商人将文字视为神鬼世界的信息，懂文字、会书写的人具备召唤神鬼的特异能力，让人害怕，引人崇拜。周人则重视文字不随人世变化的性质，和现实中的所有一切都不一样，只要化为文字书写下来的，就不会改变，不会消失。

12

# 中国文字在古代的崇高地位

对于文字的这份神圣尊崇，是中国文明的一个特色。法国哲学家雅克·德里达（Jacques Derrida）主张西方文明的根本精神，是 Logocentrism[1]，勉强翻译为“言谈中心主义”。它的意思是西方文明将文字视为语言的抄记，先有语言，然后才用文字捕捉语言，保留语言。所以语言是根本，文字则是衍生的。语言是基础，是真的，文字则是不得已的拷贝。因为语言留不住，所以人只能退而求其次，以文字为意义承载的对象。

在这样的状况下，语言高于文字。文字是我们借以回到语言、

[1] Logocentrism 又译为“逻各斯中心主义”。德里达认为，西方哲学的传统是以逻各斯或人为中心寻找真理，他在《论文字学》一书中反对这种立场。

描摹语言的不完整工具。所以叫作言谈中心主义，在中心的，是已然消失、难以复原、只能片面从文字中不完美地去探求的真理。

德里达从这个概念出发的哲学论理，对中国人来说，很难理解。关键就是，在中国文明的价值系统中，语言和文字的地位恰好相反。从古史起源上，中国的文字从来就不是语言的衍生。非表音文字显然不是为了记录语言而产生的。在发展的过程中，从商人到周人，又都明确赋予了文字不只超越语言，而且超越有限人间现世的地位。

如果说有文化价值上的本质论的话，在中国，文字才是本质。语言上爱怎么说就怎么说，无所谓，但要写成文字，那就不一样了，那是不同真理层次上的事。

"五四"时期提倡白话文，对文言文恨之入骨，将其视为传统之大恶的代表。当时的保守主义者，后来的民族主义史学家，要对抗"五四"反传统潮流，保卫文言文，最常提出的论点就是：依靠这套和语言脱离的文字系统，才得以将中国的统一维系住，没有因为各地方言的差别而无法沟通，四分五裂。

从历史角度应该予以补充解释的是：中国早就存在一套非表音文字，并不意味着就必然不会，不能再创造出另外不一样的表音符号系统。之所以没有走上表音的路，当然不是因为古时人们就考虑要建立和维系一个幅员广大、语言多样的帝国，而是因为这套非表音文字系统早早就取得了神圣地位，以这个地位压制了其他不同系统的出现、流传。

更为关键的，是这套文字的神圣性与绝对性，和周人的宗法封建密切结合在一起。所有最重要的契约关系，都用这套文字记录在千辛万苦铸成的青铜器上。没有文字保障的契约有效性，没有大家依照文字规定的方式形成封建体制，周人和周文化就无法存在。

带有强烈忧患意识的周人，为了建构长久的组织关系，巧妙地运用了商人发明的文字，进而在他们的忧患意识主导下，也必然战战兢兢地看守这套文字的有效性，保证文字稳固传流，不会消亡，不会被取代。

## 13

# 中国文明的另一项特质

## ——记忆

宗法、封建，加上非表音的文字，又给中国文明带来另一项特质——这是一个记忆的社会，重视记忆，要求记忆。

以近乎永远不会坏朽的青铜器记录下封建的承诺，大大延伸了周人的时间感，或者可以直接说——历史感。曾经存在过的，不能也不该随便被遗忘。从人的基本身份开始，就是一套记忆的建构。你是谁，由你在宗法亲族组织中的地位决定，这套组织复杂而绵密，由前代传留下来，还要一代一代传流下去，而且越变越复杂。

我们可以从孔子的身上清楚地看出这种记忆社会或历史社会的价值信念。从一个角度看，孔子就是在这个价值里中毒太深的人。对他来说，首先，曾经存在过的，留在记忆里的，都比现实美好。

人能想象、创造的美好事物，都在从前出现过了。其次，曾经存在过的，留在记忆里的，没有特别的理由，不该去改变，也不能改变。

这不是孔子的个人态度和个人信念。他反映了从西周以来，周人赖以存在和扩张的价值基础。他承袭了那个文化中既有的信念。他所处的时代，对于这套价值信念产生了高度的质疑与破坏，因而孔子便以既有价值信念的守护者自居。

他主张要回到周公制礼作乐的源头，也就是封建刚建立的黄金年代。这个主张内在有很大的矛盾。如果真的回到那个年代，那里就不会有孔子的位置。在那个旧体制中，没有老师这回事儿。老师这个角色是孔子开创出来的。在那个旧体制中，像孔子这样一个低阶的士，在层层封建关系中，甚至根本没有资格接受完整的王官学训练，更不用说要拿这些学问和能力来教别人了。在那个旧体制中，孔子的众多学生，也不具备可以接受王官学教育的资格。

孔子其实是个不折不扣的开创者，开创了原本不存在的事业。但他却始终坚持“述而不作”，把理想放在还原复古。真复古的话，那就把他自己和他所做的事都取消了。为什么会有这样的矛盾？为什么孔子没有感觉到自己的矛盾？追究这些问题，可以让我们感受到，周人的记忆与历史价值多么根深蒂固，就连革命和创新，都要以记忆之名和历史之名来进行，才能取得稳固的地位，才能够说服孔子自己的合法性。

关于孔子，在第二册中，会有更详细、更深入的讨论。重新认识孔子，确切依照既有的可信史料来认识孔子，是理解从西周到东周历史变化的关键要点之一。

14

# 总结：

## 中国历史与文化的奠基

现在我们对中国历史和中国文化留有的印象，以及习惯提出的描述，其实大部分是由周人建立起来的。新石器时代考古已然显现，中国文明的起源是多元的，不同的人与不同的文化并存。考古和文献的对比，也显现了商朝的社会及文化与我们认定的中国文化有很大的差距。中国历史上绝对不容忽视的大转折，发生在商周之际，周人打败了商人，以人本的宗法取代了重鬼神的组织原则，又以封建取代了原有的松散共主制。

封建新政治也刺激了新地理的产生，或者说彻底改变了这块区域的地理划分。中国被重新分成一个个国，每一个国又分成一个个更小的封地。其中有许多国的地理基础，历经两千多年，持续作用，至今规范了我们的地理认识与理解。例如说，尽管山东作为一个行政单位也有几百年了，然而山东的东部和山东的西部，至今在风土意识上仍然存在着明显的差异。东边是齐，西边是鲁，行政上没有分别，但历史上的界线却继续存留在人的观念里。

地理上的变化，还牵涉原来的城。新石器时代后期，开始出现普遍筑城的现象。在传统中划分的夏、商两朝，夯土筑城更加发达。到处林立的小城，在周人封建的过程中，就逐渐被编入了分层的系统中，于是产生了前所未见的城与城之间的密切互动，而且原本存在于城与城之间的空荒地带，也随之被渐次开发。

城的变化又引发了新网络的形成。在分封的新制度下，城与城有了上下隶属关系，产生了交通来往的需求。有交通，就有了交易与商业活动。我们可以从东周繁盛的交通贸易状况，追溯到西周的草创时期。

另外，周人对文字的高度重视，带来了文字的巨变。最根本的突破，在于文字和语言间的关系。对比阅读两本最古老的文献——《尚书》和《诗经》——可以清楚地感受到变化的方向与结果。《尚书》几乎无法念，无法朗读。《尚书》中的文字和后世的语音系统，显然有着极大的差距。或者再换一种方式说：后世的这套文字读法，在《尚书》成书时，应该还没有确立起来。《尚书》的佶屈聱牙，来自其中文字和语音没有固定的、可遵循的规律。

语言与文字之间的规律是在《诗经》中建立起来的。《诗经》是周人将原本没有明确读音的这套文字，用来记录声音，还原语言的伟大实验。《诗经》之后，这套非表音的文字，才有了至少可以对应语言的方式。文字和语言相对应，保证了这套文字能够继续存留下去。

从西周到东周，从朝代史的角度看，仍然是同一个朝代，但从社会与文化的角度看，是又一次翻天覆地的大变化。我们可以通过三个人来思索这番变化的核心意义。第一个是孔子，他实质上是个改革者，却坚持守旧与复古。第二个是庄子，他彻底放弃了原有的封建规范，试图由规范的反面，建立新的人生态度。第三个是老子，他巧妙地寻找一种规范瓦解时，人如何自保，如何运用变局的世故智慧。

这些是从通史的角度，往下继续认识中国历史的几条路径。